Inhalt

An die
Erwachsenen

Beim Entstehen dieser Geschichten tauchten nach
und nach meine ehemaligen „Therapie-Kinder"
wieder vor mir auf und meldeten sich zu Wort;
Kinder, die gegen ihre Umgebung rebellierten,
Grenzen überschritten oder dringend nach Grenzen
verlangten; Kinder, die mit ihrer ganzen Energie
auf sich und ihre Situation aufmerksam machten.
Wenn ich sie näher kennenlernte, hatte ich es so
gut wie immer mit liebenswerten, interessanten,
ideenreichen kleinen Menschen zu tun. Ich vergaß
schnell die Berichte, mit denen sie angekündigt
wurden: „M. biss seiner Lehrerin in die Hand",
„K. prügelt sich ständig und kann sich an keine
Regel halten", „F. bedroht Mitschüler" usw. Denn
ich erlebte sie von einer ganz anderen Seite: mit
ihren Bedürfnissen und ihren Fähigkeiten.
Gerade Kinder, die durch Aggressionen auffallen,
haben häufig viele Stärken, z. B. einen starken
Willen, Durchsetzungsfähigkeit, lebhaftes Temperament, Originalität und Sensibilität. Sie nehmen
wie Barometer atmosphärische Störungen ihrer
Umgebung auf und reagieren sehr empfindlich,
wenn man sie in ihrer Art nicht anerkennt und
ernstnimmt.
Wutausbrüche, Zerstörungswut, Prügeleien oder
Renitenz können dann hilflose Versuche darstel-
len, innere Not auszudrücken und soziale Bezie-
hungen herzustellen. So sehr sie sich auch selber
damit schaden, kämpfen diese Kinder unbewusst

darum, endlich wirklich wahrgenommen zu werden. Sie verlangen danach, die Lebensbedingungen zu finden, in denen sie sich entwickeln können.

Wie hilft man nun Kindern, ihre aggressiven Impulse zu beherrschen und innerlich so zu integrieren, dass sie als wertvolle Lebenskräfte wirksam sein können? Wie lernen sie, sich zu zügeln, ohne sich selbst aufzugeben?

Diese Frage möchte ich skizzenhaft an Hand meiner Erfahrungen, zunächst aus der kindertherapeutischen Praxis, anschließend dann aus familientherapeutischer Sicht zu beantworten versuchen. Ich bin mir dessen bewusst, dass man als TherapeutIn allerdings sehr viel günstigere Bedingungen hat als Eltern, Erzieher und Lehrer. Dennoch können viele Elemente meiner Arbeit auf diese Bereiche übertragen werden.

Spieltherapie

Wie wirkt eine Spieltherapie? Äußerlich betrachtet „spielen die ja nur". – Versuchen wir uns aber einmal vorzustellen, wir seien ein Kind, vielleicht neun Jahre alt. Überall sind wir angeeckt. Wir haben das Gefühl, ungeliebt zu sein, denn ständig werden wir ermahnt und kritisiert.

Und nun ist da ein Mensch, der sich wöchentlich eine ganze Stunde Zeit nur für uns alleine nimmt, nicht einmal ans Telefon geht. Jemand hört und schaut uns aufmerksam zu, erwartet offensichtlich nichts von uns, scheint aber volles Vertrauen in unsere Fähigkeiten zu haben.

Dieser Mensch, der uns seine Zeit widmet, respektiert all unsere Impulse (sofern sie nicht anderen schaden).

Er stellt uns die Möglichkeiten zur Verfügung, sie auszuleben und mit ihnen zu experimentieren. Nichts müssen wir erklären. Haben wir Lust zu kämpfen, so ist er bereit. Wollen wir einfach nur ausspannen und uns in eine Hängematte fallen lassen, ist das in Ordnung. Wir können uns wiegen lassen und klein sein und uns erholen von den Strapazen, ein großer Macker sein zu müssen... Und wir können gemeinsam lachen, wenn etwas schiefgeht. Sie können sich sicher vorstellen, wie schon eine solche Atmosphäre allein sich auswirkt.

Folgende Elemente benutzen Kinder mit Aggressions-Problemen gern in der Spieltherapie, um ihre Wut-Gefühle auszudrücken und abzuleiten:
• künstlerische Mittel (Malen, Tonarbeiten, Trommeln, Geschichten erfinden),
• Bewegung (Rad, Roller, Toben),
• Rollenspiele (nach wie vor beliebt: Räuber und Polizist, Banküberfall, Cowboys, Heyman u. a. TV-Helden),
• Rollenspiel mit Handpuppen (Haie, Löwen, Tiger, Krokodile),
• Kampfspiele (Boxkampf, Ritter, Kissenschlacht),
• Umgang mit den Elementen (Feuer, Wasser, Sand),
• Pfeilwerfen,
• Werkstattarbeiten (hämmern, sägen, bohren, zusammenbauen, aber auch zerstören).

Zur Entspannung und zur Verankerung bestimmter neuer Erfahrungen dienen:
• Entspannungsübungen,

- Phantasiereisen,
- Therapeutische Geschichten.

Als ein unentbehrliches und wesentliches Element für eine erfolgreiche therapeutische Hilfe darf Folgendes nicht vergessen werden:

Das Familiengespräch

Eltern sind durch Auffälligkeiten ihrer Kinder verunsichert. Sie fürchten, Fehler gemacht zu haben und fühlen sich hilflos, wenn ihre bisherigen erzieherischen Bemühungen unwirksam scheinen. Sie sind auch verärgert und enttäuscht, da sie aus ihrer Sicht alles ihnen Mögliche für ihre Kinder getan haben. Nicht selten bestehen zusätzliche Belastungen durch Arbeitslosigkeit, Geldnot, beengte Wohnverhältnisse, Krankheit usw. Ebenso wie ihre Kinder erhoffen sie eine respektvolle Form der Unterstützung. Sie sind ja die eigentlichen „Experten" für ihre Kinder und wollen und brauchen keine großen Umwälzungen ihres Familienlebens, sondern im Sinne von Steve DeShazer* nur einen „Dietrich, um die Tür zu ihren eigenen Lösungsmöglichkeiten aufschließen" zu können.

In dem oben geschilderten Klima von Akzeptanz, Interesse, sich Zeit lassen und dem Bewusstsein der TherapeutInnen, dass nicht sie, sondern die Familien selber ihre passenden Lösungen finden werden, kann schon sehr viel Entlastung entstehen; das ganze Potenzial der Familie kann so zur Veränderung genutzt werden.

---

*Siehe Literaturliste Seite 93.

Aber zunächst gilt es, ein gemeinsames Ziel zu
haben. Dazu sind einige Fragen zu klären:
• Was möchte die Familie genau erreichen?
• Woran würden Eltern und Kinder erkennen, dass
  das Problem gebessert oder gelöst ist?
• Wie würde sich das auf das Verhalten von Eltern
  und Kindern auswirken?
• Wie wird ihr gemeinsames Leben aussehen,
  wenn das Problem behoben sein wird?
• Gibt es jetzt schon manchmal Momente, in
  denen es so läuft, wie die Familie es sich
  wünscht?
• Und wann gab es solche Momente früher?
• Welche Bedingungen haben in diesen Fällen zu
  den positiven Ausnahmen geführt?

Für die Eltern ist es meist überraschend festzustel-
len, dass es ja durchaus gute Zeiten gibt und gab,
die sie durch den Blick auf das Problem ganz vergessen hatten.

Immer wieder erstaunlich ist es, dass gerade auch
die Kinder sehr kreative Lösungsmöglichkeiten
anbieten, sobald sie merken, dass man sie ernst
nimmt und ihnen zuhört.

Kinder fühlen sich besonders motiviert, ihr Verhalten zu ändern, wenn die Erwachsenen sie bei ihren
neuen Versuchen, ihre aggressiven Impulse zu zügeln und positiv zu integrieren, begleiten und
unterstützen.

In den Familiengesprächen habe ich immer wieder
von Kindern erzählt, die auch Schwierigkeiten hatten, mit ihrer Wut o. ä. zurechtzukommen. Kinder
ermutigt und entlastet das sehr. Sie sind neugierig
darauf, wie die anderen es geschafft haben, und
werden motiviert, auch erfolgreich zu sein.

Dies ist unter anderem der Zweck der folgenden Geschichten, die alle – natürlich verschlüsselt – auf wahren Begebenheiten beruhen.

Liebe Kinder!

Dieses Buch handelt von Kindern, die kratzen, beißen, hauen, treten, brüllen – alles was man so macht, wenn man richtig wütend ist. Ja, natürlich, man kann auch wütend werden, ohne das alles zu tun. Aber es gibt eben Lebenslagen, in denen nette, lustige Kinder nicht anders können, als mit ihrem ganzen Zorn herauszuplatzen. Oft wissen sie selber nicht ganz genau, warum ihnen das immer passiert. Und meistens sind diese Kinder auch nicht gerade glücklich darüber. Wütend werden ist ja an sich nicht schlimm, jeder kennt das. Und manchmal muss es auch sein, sonst würde man ja krank, wenn man seinen Ärger immer nur herunterschluckt. So ein Wutausbruch kann manchmal sogar richtig erfrischend sein. Nur wenn man sich und anderen damit schadet, kann es schlimm werden. Darum erzähle ich euch diese Geschichten. Vielleicht rastet ihr ja auch manchmal zu doll aus, mehr als ihr es selber wollt. Dann könnte es für euch interessant sein zu hören, was anderen Kindern geholfen hat. Ganz ohne Erwachsene kann das aber kein Kind schaffen. Die müssen schon ein wenig dabei mithelfen.

11

Paul
Hitzkopf

Als Paul Hitzkopf mit einer großen roten Schramme an der Backe und einer geschwollenen Nase aus der Schule kommt, stößt seine Mutter nur einen tiefen Seufzer aus. Sie fragt gar nicht mehr nach, denn es ist inzwischen an der Tagesordnung, dass Paul sich mit anderen Kindern rauft. Paul Hitzkopf macht nämlich seinem Namen alle Ehre, und zwar schon seit er laufen kann. Dabei sind Herr und Frau Hitzkopf so friedliche Menschen. Jeden Wunsch lesen sie ihm von den Augen ab, obgleich der Paul sehr gut sagen kann, was er will und auch, was er nicht will.

Der friedliche Herr Hitzkopf und seine Frau nehmen Pauls Neigung zu Wutausbrüchen wie eine Naturerscheinung hin, so wie manche Menschen mit einem Vulkan leben, zu dem es nun einmal gehört, dass er von Zeit zu Zeit Feuer spuckt. „Es ist eben Pauls Temperament, dagegen kann man nichts tun", sagen sie sich und schütteln nur bekümmert ihre lieben Köpfe.

Doch Frau Schlauberger von nebenan, bei der Paul so gern Klingelstreiche macht, hat neulich zu Frau Hitzkopf gesagt: „Sie dürfen nicht so nachgiebig sein mit Ihrem Sohn, sonst wird er noch ein Tunichtgut!"

Der andere Nachbar, Herr Lauscheohr, hat alles mit angehört und noch hinzugefügt: „Ja, der Paul ist schon jetzt ein richtiger kleiner Tyrann!"

„Was ist ein Tyrann?", hat Paul die Mutter nachher gefragt. Die hat ihm etwas erklärt von einem König, der immer alles selbst bestimmen will und keine Rücksicht nimmt auf andere Menschen. Da hat der Paul dem Nachbarn die Zunge herausgestreckt und laut mit den Türen geknallt, und bei Frau Schlauberger hat er noch mehr Klingelstreiche gemacht.

Nachdem die Mutter das mit dem König erklärt hat, geht ihr die Sache noch lange im Kopf herum. „Ganz unrecht", denkt sie, „haben die Nachbarn vielleicht doch nicht. Paul ist wirklich unser kleiner König." Und als sie mit dem Paul nachher im Supermarkt einkauft, hat sie wieder doppelt so viel im Einkaufswagen, als sie eigentlich wollte: das Eis und die Aufkleber, die Schokolade, Kaugummis, Pauls Lieblings-Joghurts und eine Abenteuerkassette. Bei der Kassette hat sie nein sagen wollen. Da hat der Paul seinen roten Kopf bekommen und hat mit den Füßen getrampelt. Und die Mutter hat schnell die Kassette doch in den Wagen getan, bevor es noch ein Geschrei gab im Laden. Dann hat sie wieder ratlos ihren Kopf geschüttelt.

Dem Vater hat Paul abends beim Fernsehen immer die Fernbedienung weggenommen und hat einfach seine Lieblingssendungen eingestellt. Dabei war es oft schon nach acht. Pauls Vater war genauso lieb wie seine Frau. Er zuckte nur einige Male hilflos mit den Schultern, während er Pauls Sendungen ansah.

Sicher wäre das noch viele Jahre so weitergegangen und noch viel schlimmer geworden, wenn nicht etwas passiert wäre, was alle, auch den Paul, wachgerüttelt hat.

Es ist Sommer, Paul Hitzkopf hat mit seinen Freunden draußen herumgetobt. Nun hat er Durst und Hunger und will ganz schnell herein. Aber die Haustür ist verschlossen. Er hört den Staubsauger brummen. Er klingelt Sturm. Keiner öffnet. Da wird der Paul wieder von einem großen Jähzorn gepackt. Sein Gesicht wird ganz rot vor Wut und verzerrt sich. Seine beiden Fäuste trommeln gegen die Scheibe an der Haustür. „Aufmachen!", schreit er und schlägt noch stärker zu. „Aufmachen!"

Da! Ein Krachen! Ein Splittern! Ein Schrei! Die Scherben haben tief in Pauls Arm geschnitten. Überall ist plötzlich Blut. Eine Scherbe steckt noch im Arm.

Paul ist ganz blass geworden. Ihm ist schlecht.

Frau Schlauberger kommt mit einem Handtuch und drückt es ihm auf die blutenden Wunden, nachdem sie die Scherbe herausgezogen hat. Die Mutter hat einen Krankenwagen gerufen. „Nein, nicht ins Krankenhaus!", schreit Paul. „Ich will nicht!" Aber zum ersten Mal nützt ihm das Schreien gar nichts. Er wird mit dem Krankenwagen in die Klinik gefahren. Leider ohne Sirene, das hätte ihn noch ein wenig entschädigt.

Paul jammert vor sich hin. Er hat Schmerzen und Angst, denn es blutet noch sehr. Und auch Frau Hitzkopf sieht etwas blass aus um die Nase.

Der Arzt lässt sich die ganze Geschichte erzählen, während er die Wunden reinigt und näht. Paul schaut ganz still zu. So still hat ihn die Mutter noch nie erlebt. Er hat eine Spritze bekommen, damit es nicht so zwickt.

Dann sagt der Doktor etwas Ähnliches wie Frau Schlauberger und Herr Lauscheohr: „Sie müssen wohl Ihren Paul ein bisschen mehr an die Kandare nehmen." Frau Hitzkopf nickt schuldbewusst. „Was ist Kandare?", fragt Paul misstrauisch. „Hast du schon mal was von Pferdezügeln gehört?", fragt der Arzt. Paul nickt. „Du kommst mir nämlich wie ein kleines Wildpferd vor, das nicht gewohnt ist, an die Zügel genommen zu werden. Stimmt's?" Paul guckt weg. „Außerdem wär's auch nicht schlecht, wenn du dich selbst etwas zügelst, damit du nicht wieder so etwas Schmerzhaftes erleben musst. So. Das wär's." Der Doktor legt ihm einen dicken Verband an. „Und gute Besserung, kleines Wildpferd!"

Nach diesem Ereignis, darüber sind sich alle einig, die Eltern, die Nachbarn und die Lehrer, ist Paul verändert. Ob es der Schreck war oder der Schmerz oder die Worte des Arztes, weiß keiner so genau.

Und auch Herr und Frau Hitzkopf sind nicht mehr dieselben wie früher.

Wie durch einen lauten Wecker sind alle wachgerüttelt worden.

Neulich ist die sanftmütige Frau Hitzkopf sogar ausgerastet, als der Paul im Supermarkt wieder seine Sonderwünsche hatte. Ganz laut und energisch hat sie „Nein!" gesagt. Frau Schlauberger war gerade dabei und hat anerkennend genickt.

Der Paul hat keinen roten Kopf bekommen. Er guckte nur ärgerlich. Zu gern hätte er jetzt ein Eis und Kaugummi gehabt. Aber wer genau hinsah, konnte in seinem runden Gesicht auch so etwas wie Stolz entdecken. So schlecht war es eigentlich nicht, starke Eltern zu haben.

Einmal, als Paul ins Bett sollte, wo er doch so gern noch ferngesehen hätte, wollte er gerade wieder seinen roten Wutkopf bekommen, da sagte die Mutter: „Na, mein Wildpferd!" Da mussten beide lachen. Paul schaute verstohlen auf seine Narbe am Arm und dachte an den Arzt und an die Zügel. Er lehnte sich an seine Mutter und bettelte: „Ich möchte mal mit einer Pferde-Kutsche fahren und die Zügel halten." „Ja, wenn das kleine Wildpferd sich ein bisschen gezähmt hat, dann darfst du kutschieren", versprach die Mutter.

Beinahe könnte man ja nun befürchten, dass im Hause Hitzkopf nun gar nichts mehr los war, ja, dass es richtig langweilig und still wäre ohne Pauls Wutausbrüche. Aber ich kann euch beruhigen. Die Gefahr besteht bei Kindern wie Paul nun doch nicht.

Neulich bin ich an ihrem Haus vorbei gekommen, da hörte ich lautes Trommeln. Erst dachte ich, es sei der Fernseher oder das Radio. Da hab ich durchs Fenster geguckt und den Paul gesehen. Der hat wie wild auf drei große Trommeln geschlagen, in wildem Rhythmus – wie ein echter Schlagzeuger.

Frau Hitzkopf kam aus dem Haus und lachte. „Ja, so tobt sich Paul jetzt immer aus", rief sie mir zu. „Besser einen Schlagzeuger im Haus als einen Tyrannen."

Und Herr Lauscheohr guckte um die Ecke und nickte lächelnd. Er mochte Schlagzeug.

Frau Schlauberger aber bekam von alledem gar nichts mit. Sie war nämlich schwerhörig.

Das Wunschkind

„Ich wünsche mir noch ein Kind", sagte Frau Schmidt zu ihrem Mann.

„Aber wir haben doch schon unsere zwei!" Ihr Mann blickte erstaunt hinter der Zeitung hervor.

„Die machen doch schon genug Tumult!" Wie auf Kommando drang lautes Krakeelen aus dem Kinderzimmer. Dazu kreischte der Wellensittich Fifi. Er mochte Krach. Das regte ihn zum Pfeifen an. Herr Schmidt mochte aber lieber Ruhe.

„Warum willst du denn noch mehr Unruhe?"

„Ich liebe eben Kinder."

„Dabei ging es dir das letzte Mal so schlecht", gab ihr Mann zu bedenken.

„Ich möchte ja, dass wir eins adoptieren." Herr Schmidt ließ die Zeitung sinken.

„Adoptieren?!"

„Ja, es gibt so viele arme Kinder ohne Eltern auf der Welt. Ich will eins davon adoptieren." Das klang so gut wie beschlossen. Und da Frau Schmidt in der Familie diejenige war, die alles, was die Kinder betraf, bestimmte, und weil sie reich genug waren, seufzte Herr Schmidt einmal tief und sagte: „Na, gut!" Das klang fast so, als hätte seine Frau ihm soeben einen Brillantring abgeschmeichelt.

Einige Monate später hatten sie wirklich ihr drittes Kind. Felix und Linda, die beiden Blondschöpfe, fanden, dass es etwas merkwürdig aussah: Es hatte pechschwarze Haare und ganz schräge Augen. Es konnte auch noch gar nicht sprechen.

„Ihr müsst schön lieb zu ihr sein, Kim hat schon viel Trauriges erlebt!"

Das war alles, was die Mutter ihnen erklärte, und von da an taten alle so, als sei Kim schon immer bei ihnen gewesen; und Kim selber vergaß alles, was sie früher erlebt hatte. Sie war jetzt Kim Schmidt und gehörte zur Familie.

Für Kim war es hier wie im Paradies. Zum Spielen gab es alles, was man sich nur denken kann: Puppen in Wagen und Bettchen, Puppenstuben, Kuscheltiere, Autos, einen echten Kochherd, Bälle und Bilderbücher.

Kim schlief sogar in einem Himmelbett. Essen konnte sie, soviel sie wollte, und alle waren nett zu ihr. Sie bekam Ballettstunden, durfte turnen, schwimmen und musizieren.

Auch Herr Schmidt hatte sich bald an das neue Familienmitglied gewöhnt. Er benutzte allerdings jetzt häufiger seine Ohrstöpsel, wenn er lesen wollte...

Ich weiß nicht genau, wann es eigentlich anfing. Vielleicht als Kim sechs wurde: Kim begann sich auf einmal fremd zu fühlen in ihrer Familie. Sie glaubte plötzlich, dass irgend etwas mit ihr nicht stimmte. Was, das konnte sie selber nicht genau

18

sagen. Aber neulich, als sie Linda und sich plötzlich im Spiegel nebeneinander gesehen hatte, war so eine seltsame Ahnung in ihr hochgestiegen. Sie war zur Mutter gelaufen. „Hast du mich eigentlich lieb?", hatte sie gefragt.

„Aber sicher, mein Kind!", hatte Frau Schmidt sie beruhigt und ihr einen Kuss gegeben. Aber bald waren Kim wieder Zweifel gekommen. Was war nur falsch mit ihr?

Kim fragte ihre Mutter wieder: „Ist alles mit mir in Ordnung?"

„Was sollte denn nicht in Ordnung sein? Du bist ein wunderbares Kind, Kim!", sagte sie. Aber im Stillen dachte sie: „Ob sie etwas gemerkt hat? Ob ihr womöglich jemand verraten hat, dass sie ein Adoptivkind ist?"

Frau Schmidt fing an, sich Sorgen zu machen. Sie wollte Kim nicht wehtun und darum wollte sie möglichst lange damit warten, ihr die Wahrheit zu sagen. Wenn Kim groß genug wäre, würde sie ihr alles erzählen. Aber jetzt, fand sie, sei es dafür noch viel zu früh.

Kim fühlte sich immer verwirrter in ihrem Kopf. Sie hatte das sichere Gefühl, dass irgendetwas nicht so war, wie es sein sollte, aber die Mutter sagte ja, es sei alles in Ordnung. Dann musste sie selber ja spinnen, und dann war wohl wirklich etwas faul mit ihr.

Kim fühlte sich sehr allein mit diesen Gefühlen. Sie nahm jetzt oft das Meerschwein Fienchen und schmuste mit ihm. Manchmal weinte sie ihm auch das Fell nass. Sie sprach dann mit dem Tier, wenn sie alleine war.

Heute auch wieder. Kim nimmt Fienchen auf ihren Schoß und sagt ihm alles in sein kleines Meerschweinohr. Dann beginnt sie zu fragen: „Was ist los mit mir? Was stimmt nicht? Ich bin so anders." Aber Fienchen will runter vom Schoß. Es will keine Fragen beantworten. Das ist ihm nicht geheuer.

Kim denkt: „Sogar Fienchen mag mich nicht!" „Blödes Vieh!", zischt sie und schleudert das kleine Tier wütend auf den Boden. Fienchen quietscht auf, bleibt einen Moment wie tot liegen, dann hinkt es langsam in seinen Stall.

„Blödes Vieh!"

Kim geht zum Vogelkäfig. Da sitzt Fifi und kreischt, weil er den Krach wieder so schön findet. Kim nimmt ihn auf den Finger. Fifi sagt „Buttje" und „Fifi", die beiden Wörter, die er kann. Aber Kim bringt das auf die Palme. „Kannst du nicht mal was anderes sagen, z. B. was mit mir los ist?" Aber Fifi kräht wieder sein „Buttje" und „Fifi". Da explodiert Kim. Sie reißt an seinen Federn und beginnt, ihm eine nach der anderen auszureißen. Fifi kreischt und flattert in Todesangst, so doll, dass Kim ihn schließlich loslässt.

Als die Mutter nach Hause kommt, hat sie sofort eine Vorahnung. Es ist so verdächtig still in der Wohnung. Was ist passiert?

Da findet sie das hinkende Fienchen und den zerrupften Fifi kläglich in ihren Käfigen hocken.

Die Mutter macht sich ihre Gedanken.

Und Kim macht sich ihre Gedanken.

Sie versteht selber nicht, warum sie das getan hat, und sie schämt sich sehr.

Die Mutter schimpft gar nicht, sondern sieht sie so traurig und nachdenklich an. Das ist viel schlimmer als Schimpfen.

Kim hat jetzt Angst vor sich selber. Es ist eben irgend etwas faul mit ihr.

„Wir müssen etwas tun", sagt Frau Schmidt abends zu ihrem Mann. „Ja", sagt er, und blickt von der Zeitung auf. „Wir müssen Kim endlich die Wahrheit sagen. Ich glaube, man kann Kindern sowieso nichts vormachen. Sie merken alles." Frau Schmidt schluckt und denkt lange nach. Dann nickt sie.

Ja, sie will Kim die Wahrheit sagen. Aber sie will sich gut darauf vorbereiten.

Eines Abends liest sie vor dem Einschlafen ein Buch vor. Es handelt von einem Mädchen, das in Südkorea lebt. Die Kinder schauen die Bilder an. „Die sieht ja genauso aus wie du, Kim", findet Linda plötzlich. Ja, wirklich, das stimmt, Felix und Kim finden das auch. Sie hören aufmerksam zu. Kim kribbelt es ganz merkwürdig im Bauch. Sie ist sehr aufgeregt und saugt alles, was sie über dieses ferne Land hört, gierig auf. Sie will alles, alles darüber wissen. Aber sie fragt nichts.

Am nächsten Tag geht die Mutter mit Kim alleine spazieren. Das kommt ganz selten vor. Sie gehen am Fluss entlang, und die Mutter beginnt, Kim eine Geschichte zu erzählen:

„Es war einmal eine Frau, die wünschte sich ganz ganz doll noch ein drittes Kind, und zwar ein Mädchen mit schwarzen Haaren und schrägen Augen. Ja, genau so ein kleines Mädchen hätte sie so gern gehabt. Und sie fragte überall, ob denn jemand vielleicht so ein Kind für sie hätte. Aber leider hatte keiner so ein Kind, und wenn er es hatte, wollte er es natürlich nicht abgeben. Die Frau war schon ganz niedergeschlagen.

Da geschah das Wunderbare: Das Telefon klingelte, und eine Frau von der Adoptionsstelle rief an: ‚Sie wünschen sich doch ein Mädchen mit schwarzem Haar und schrägen Augen. Wir haben genau so ein Kind. Es wurde an einer einsamen Bushaltestelle in Südkorea gefunden. Dort stand es lange ganz allein. Wollen Sie das Kind aufnehmen?‘

Kannst du dir vorstellen, wie glücklich die Frau und ihre ganze Familie waren, als die Kleine endlich ankam? Sie hatten so lange auf sie gewartet.“

Kim schaute mit ihren schrägen dunklen Augen zur Mutter auf.

„Und das Kind war ich, nicht?“

Nun war ihr endlich alles klar. Die Wahrheit tat sehr weh, aber sie war trotzdem gut.

„Und warum war ich alleine?“

„Deine Eltern sind zu arm gewesen, um dir Essen zu kaufen. Und weil sie es gut mit dir meinten, haben sie dich an einen Ort gebracht, wo dich jemand finden konnte.“

Die Mutter nahm Kim auf den Arm und drückte sie an sich.

„In den Ferien fahren wir in dein Land und schauen uns alles an. Aber zu Hause bist du jetzt hier, denn du bist unser Wunschkind.“

Ben
und Achmed

Wenn man neu in eine Klasse kommt, kann man sich so klein machen, wie man will, alle gucken einen erst einmal neugierig an.

Auch Ben beobachtet den neuen Achmed genau. Eigentlich sieht der ja nett aus mit seinen dunklen, braunen Augen und den schwarzen Locken. Aber als Jan neben ihm flüstert: „Ein Türke. Mein Vater sagt, die stinken nach Knoblauch und nehmen uns nur die Arbeitsplätze weg", da mag Ben gar nicht mehr sagen, dass Achmed doch nett aussieht. Er will sich bei Jan nicht unbeliebt machen.

Im Gegenteil: Ben macht später besonders eifrig mit, wenn sie Achmed ärgern. Er schnappt ihm den Ball weg, mit dem er gerade Tischtennis spielen will und schraubt ihm das Ventil aus dem Reifen. Mit den anderen beobachtet er hinter der Ecke, wie Achmed sein Rad nach Hause schiebt.

Einmal hat Ben ihm so plötzlich ein Bein gestellt, dass er hinfiel. Achmed hat nicht geweint. Er hat sich nur sein Knie gerieben und Ben traurig angesehen, und die anderen Jungs haben gelacht. Ben hat sich sehr überlegen gefühlt und war stolz darauf, von den anderen anerkannt zu werden. Wenn Achmed vorbeikommt, erzählen sie sich Türken-Witze. Achmed kann noch kaum Deutsch und versteht die Witze nicht. Aber Ben merkt, dass er genau versteht, über wen sie lachen, denn seine dunklen Augen blicken wieder so traurig.

Dann kommen die Ferien. Ben ist mit seinen Eltern in Spanien. Einmal besichtigen sie eine Stadt. Sie sind gerade auf einem Markt. Ben gefällt es dort nicht. Es ist heiß und laut und voller Menschen. Missmutig trottet er hinter den Eltern her. Viel lieber hätte er jetzt im Meer gebadet. Plötzlich erschrickt er tief: Seine Eltern sind weg. Er hat sie aus den Augen verloren. Ben ruft laut nach der Mutter, aber seine Stimme wird durch das Marktgeschrei übertönt. Ziellos rennt er umher. Ohne Erfolg. Ben ist verzweifelt. Was soll er bloß tun? Er kennt die Sprache ja nicht, und er weiß nicht, wo ihr Auto parkt. Panik ergreift ihn. Da kommt auch noch eine Gruppe spanischer Jungen auf ihn zu. Sie haben schwarze Haare und dunkle Augen. Sie rufen sich laut etwas auf Spanisch zu. Sicher werden sie ihn jetzt ärgern! Ihm wird blitzartig klar, dass er jetzt selber ein Ausländer ist wie Achmed, dass er für die anderen sehr fremd ist mit seinem hellblonden Haar und den blauen Augen und der fremden Sprache. Aber die Jungs beachten ihn zum Glück gar nicht. Ben sucht verzweifelt weiter. Keine Spur von seinen Eltern. Plötzlich legt ihm jemand die Hand auf die Schulter. Er fährt zusammen. Es ist eine alte Spanierin. Ihr ist aufgefallen, dass Ben so verzweifelt um sich geschaut hat. Erst spricht sie ihn spanisch an. Er versteht kein Wort. Dann englisch. Das kann er auch noch nicht. Schließlich versucht sie es mit ein paar Brocken Deutsch: „Verloren Eltern?" Ben nickt hoffnungsvoll. Die vertrauten Worte klingen ihm wie Weihnachtsglocken in den Ohren, wie holperig sie auch sein mögen. „Wie Name?" „Ben." Und dann geht sie mit ihm zur Mitte des Marktplatzes. Die Marktleitung hat einen Lautsprecher und ruft Bens Eltern herbei.

Ihr könnt euch denken, wie froh Ben ist, als sie tatsächlich gleich kommen.

Dieses Erlebnis wird er sein ganzes Leben lang nicht mehr vergessen, denn so verloren wie auf diesem spanischen Marktplatz hat er sich nie wieder gefühlt.

Als Ben Achmed nach den Ferien wieder begegnet, sieht er ihn plötzlich mit ganz anderen Augen. Er kann sich jetzt gut vorstellen, wie er sich als Ausländer fühlt.

Ärgern kann Ben Achmed jetzt einfach nicht mehr. Aber er traut sich immer noch nicht, nett zu ihm zu sein.

Dazu muss erst noch etwas anderes geschehen.

Eines Tages macht die ganze Klasse einen Fahrrad-Ausflug. Das Wetter ist herrlich, und Ben genießt es, auf seinem blitzenden, schnellen Rad zu flitzen. Achmed fährt als letzter, allein. Er hat eine ziemliche Klapperkiste.

Da, was ist das? Ben tritt ins Leere. Nichts geht mehr. „Mist! Die Kette ist ab!", flucht er. So ein

Pech! Und alle anderen sind inzwischen schon weit vorne. Nur Achmed hält an. Der kann ihm bestimmt nicht helfen. Und wenn er es könnte, wird er es nicht tun nach dem, was Ben ihm angetan hat.

Achmed legt sein Rad ab, kommt wortlos auf ihn zu, schaut sich die Sache ruhig an, und – ruck-zuck – hat er die Kette wieder angebracht. Beide blicken sich etwas verlegen an. Ben zieht sein Taschentuch aus der Tasche, damit Achmed sich die öligen Hände säubern kann. „Mensch, wie hast du das so schnell geschafft?" Ben ist voller Achtung. „Nix schwierig. Kann ich zeigen", sagt Achmed und lächelt ihn an. Aber erst müssen sie nun die anderen wieder einholen.

„Komm zu mir, ich dir zeigen Rad reparieren", sagt Achmed zu Ben am Ende des Ausflugs. Ben nickt, auch wenn die anderen blöd gucken. Und am nächsten Tag geht er auch wirklich mit zu Achmed. Der zeigt ihm, wie man die Kette anzieht, damit sie nicht wieder abrutscht, und sie fahren gemeinsam mit dem Rad herum.

Einige Tage später ist Ben mit seinen Eltern bei Achmeds Familie eingeladen. Es wird gerade ein Fest gefeiert. An langen Tischen speisen sie inmitten der türkischen Freunde die köstlichsten, fremdartigen Dinge. Auch die Musik ist so ungewöhnlich, aber wunderschön. Alle lachen und singen, und Ben und Achmed tanzen und singen lustig mit den anderen.

Auf dem Heimweg sagt der Vater zur Mutter: „Wie wunderbar ist es doch, dass es so verschiedene Völker und Sitten gibt!" Ben und seine Mutter stimmen ihm aus vollem Herzen zu.

Der
dicke Fritz

Fritz war beinahe eingeschlafen, und zwar in der Mathestunde. Sein rundes Gesicht hatte er in die molligen Hände gestützt. So träumte er vor sich hin.

„Sieben mal drei?... Sechs mal zwei?... Drei mal fünf?" Die Zahlen rauschten an seinen Ohren vorbei. Er träumte von seinem Wurstbrot, das er in der Pause leider schon aufgegessen hatte, und überlegte, was er sich nach der Schule kaufen sollte: Pommes frites mit Majonäse, ein Stück Pizza oder lieber ein Soft-Eis?

„Fritz, wieviel ist drei mal drei?" O je, Fritz hatte keine Ahnung! „Wovon hast du denn eben geträumt?", fragte der Lehrer. „Von Soft-Eis." Die Kinder begannen zu kichern. „Aha, dann weißt du vielleicht, wieviel Soft-Eis-Tüten zusammenkommen, wenn drei Kinder je drei Soft-Eis essen", versuchte es der Lehrer. Das konnte sich der Fritz sofort gut vorstellen. „Neun natürlich." „Gut, dann stellst du dir eben jetzt immer etwas Essbares vor, dann kannst du rechnen", lachte der Lehrer. Das war ein gutgemeinter Scherz. Aber er stach in ein Wespennest: Die Kinder in der Klasse stießen sich an, tuschelten und lachten.

Armer Fritz!

Erst jetzt wurde ihm klar, was ihn auf dem Nachhauseweg wieder erwarten würde.

„Fresssack, Riesenbaby, Dickerchen, Fettauge!" Wie Ohrfeigen fühlte er die Schimpfworte schon in Gedanken auf sich einprasseln. Oft genug hatte er das erlebt, und meistens hatte er sich dann mit den anderen geprügelt. Tim neben ihm grinste ihn schon höhnisch an.

Da schlug Fritz zu. Seine Fäuste trommelten auf Tim nieder. Fritz war völlig außer sich. Mit seinen Fäusten versuchte er den letzten Rest seiner Ehre zu verteidigen. Er war nicht nur sein dicker Körper. In ihm steckte doch etwas ganz anderes, was die anderen gar nicht sahen. Immer sahen sie nur das Dicke an ihm!

Als der Lehrer die beiden mühsam getrennt hatte, schnappte Fritz blitzschnell seine Mappe und machte sich davon. Bevor die Horde ihn einholen konnte, hatte er sich durch eine große Lücke im Zaun schon in Sicherheit gebracht.

Fritz hatte plötzlich gar keinen Appetit mehr auf Pommes frites, Pizza und Eis. Auch als er dann zu Hause seine kleine, dicke Schwester Anna eine ganze Tüte voll Kartoffelchips futtern sah, war ihm immer noch nicht nach Essen zumute. Nicht einmal die süße Limonade im Kühlschrank reizte ihn.

Und das war etwas ganz Neues. Sonst hatte Fritz immer erst recht gegessen, wenn er in Schwierigkeiten steckte. Alles hatte er dann in sich hineingestopft. Einen Schutzpanzer aus Fett hatte er um sich herum gebaut, als sei er ein Eskimo am kalten Nordpol. Das Essen hatte ihn immer beruhigt. Aber jetzt war es anders. Fritz konnte es nicht länger aushalten, immer ausgelacht zu werden. Zu lange hatte er das schon ertragen. Er konnte nicht mehr. Fritz wollte nicht mehr dick sein. Er wollte so sein wie alle anderen.

Aber schon beim Abendessen war alles wieder vergessen. Oma war zu Besuch, und Mama hatte herrliche Würstchen mitgebracht und Kartoffelsalat und Pudding. Die ganze Familie liebte das Essen, und alle waren kugelrund. Nur Oma nicht. Fritz langte ordentlich zu. Er war gerade beim vierten Würstchen, da läutete das Telefon.

Der Vater ging hin, und aus seinen kleinlauten, höflichen Antworten schloss Fritz schon das Schlimmste: Bestimmt war es der Lehrer! Fritz ließ den Kopf hängen.

„Wir müssen nachher mal reden, Fritz", sagte der Vater dann nur und ließ es sich weiter schmecken.

Oma war eine wissbegierige Frau, ja, vielleicht war sie auch ein bisschen neugierig. Jedenfalls bohrte sie so lange, bis der Vater mit allem herausgerückt war: Der Lehrer machte sich Sorgen, weil Fritz immer gleich zuschlug. Das müsse sich ändern, sonst könne er nicht mehr in der Klasse bleiben.

„O Gott!", rief die Mutter und schlug die Hände über dem Kopf zusammen.

Anna kicherte.

Fritz sprang so plötzlich hoch, dass sein Stuhl umkippte, und rannte brüllend aus dem Zimmer.

„Wenn die mich auch immer ärgern", hörte man ihn noch schreien, dann ging das Gebrüll in Weinen über, und man hörte Gepolter und Gekrache von herumfliegenden Sachen.

Nach dieser eindrucksvollen Szene nahm Oma die Dinge in die Hand: „Kein Wunder, wenn ihr den Jungen auch immer so mästet!", schimpfte sie. „Ist ja klar, dass er geärgert wird. Fritz macht jetzt 'ne Schlankheitskur! Basta! Und zwar bei mir!"

Die Eltern unterbrachen verdutzt ihr Essen.

Anna kicherte.

Resolut schritt Oma zu Fritz ins Kinderzimmer. „Willst du meine Idee hören?" Fritz saß inmitten seiner herumgeworfenen Sachen. Er horchte auf. Omas Ideen fand er immer spannend.

„Du machst jetzt eine Diät bei mir, denn in dieser Familie hier kann man ja nicht abnehmen!" Das fand Fritz allerdings weniger spannend: „Diät schmeckt bestimmt scheußlich!" „Unsinn! Meine Diät schmeckt köstlich!" Da strahlte Fritz.

„Und für jedes abgenommene Pfund bekommst du fünf Mark von mir." Fritz strahlte noch mehr.

Er begann gleich zu rechnen: „Bei zehn Pfund kann ich mir ja fünfzig Eis kaufen!" „Fritz!!!", kam es empört von Oma. „Ach ja, na gut, aber vielleicht einen Tacho fürs Fahrrad!" Seine Augen leuchteten schon wieder.

„Gute Idee!", lobte der Vater, der in diesem Augenblick zu ihnen ins Zimmer kam, „und ich verspreche dir auch etwas: Jedesmal, wenn du dich beherrschst und nicht ausrastest, verdienst du zehn Punkte. Bei hundert Punkten machen wir beide dann eine Radtour."

„Und wenn dich nochmal irgend so ein Blödmann ärgert, nur weil du noch dick bist, dann sagst du: Lieber dick als doof!", schlug Oma vor.

Fritz lachte.

Er war selig. Bei Oma wohnen und den langer-
sehnten Tacho und vor allem die Radtour mit Papa, der sonst nie Zeit hatte! Das waren wunderbare
Aussichten! Gleich morgen wollte er anfangen mit
Omas Programm.

Trotz seiner Zuversicht ging Fritz am nächsten
Morgen mit Magenschmerzen in die Schule. Eigentlich war es ja sehr mutig von ihm, dass er
überhaupt hinging!

Er richtete es so ein, dass er als Letzter in die
Klasse kam, damit ihn keiner vorher ärgern konnte, und setzte sich voller Beklemmung auf seinen
Platz neben Tim. Der schaute ihn böse an. Er hatte
blaue Flecken an seinem Arm.

Der Lehrer verschob das Rechnen an diesem Tag.
Stattdessen besprach er mit den Kindern das
Thema „Verletzen". Das fanden alle sehr viel bes-
ser als Rechnen.

Ähnlich wie Oma mit Fritz traf der Lehrer mit den
Kindern eine Verabredung: Keiner durfte einem
anderen wehtun. Sollten zwei sich raufen, galt die
Regel: Wenn einer Stop sagt, muss der andere
sofort aufhören.

„Jeder hat ein Recht darauf, nicht verletzt zu werden", sagte der Lehrer.

Fritz war das alles etwas peinlich. Er bekam einen
ganz roten Kopf. Denn alle drehten sich immer
wieder nach ihm um.

Auch Tim sah Fritz wieder höhnisch an. „Siehs-
te!", zischte er.

„Schimpfworte sagen ist aber auch Wehtun!", rief
Fritz da empört in die Klasse. Er war schon wieder
kurz davor zu explodieren.

„Ja, du hast recht, Fritz, das kann manchmal sogar noch schlimmer sein", bestätigte der Lehrer. „Und diese Regel gilt jetzt auch: Keiner darf einen anderen durch Worte verletzen."
„Und wenn einer das alles doch macht?"
„Dann dürft ihr mir das sagen. Das ist dann kein Petzen."
Uff! Fritz atmete auf. Das war ja immerhin beruhigend!
Gleich in der nächsten Pause hatte er leider schon Gelegenheit, die neue Regel auszuprobieren. „Fettkloß", zischte ihm Tim grinsend zu. Fritz hatte schon die Faust gehoben, da hielt er inne. Zehn Punkte standen auf dem Spiel. Er ließ den Arm sinken, schluckte und ging zum Lehrer, um die Verabredung einzuhalten. Da hatte ja jemand die Regel verletzt. Tim wurde diesmal ermahnt, und der Lehrer klopfte Fritz beruhigend auf die Schulter.

Genauso wie sich das in der Schule mit den neuen Regeln erst einspielen musste, dauerte es natürlich seine Zeit, bis Fritz seine Pfunde abgenommen hatte. Denn das ist verflixt schwer, wenn man das Essen so liebt wie er.
Aber die hundert Punkte, die hatte er schon nach drei Wochen zusammen! Sechsmal hatte er sich in der Schule zusammengerissen und viermal zu Hause. Er trug alles immer ganz genau und ohne zu schummeln in eine Liste ein.
Alle lobten Fritz für diesen großen Erfolg. Keiner – außer Oma – hatte das für möglich gehalten.
„Morgen machen wir die Radtour mit Picknick", versprach der Vater.
Anna kicherte nicht. Sie guckte ziemlich neidisch, als sie das hörte.

Als Fritz mit seinem Vater an der Elbe entlangfuhr, schnaufte der ziemlich, wenn es mal ein wenig bergauf ging, denn er hatte ja allerlei Gewicht zu transportieren.

„Du musst wohl auch mal zu Oma, 'ne Diät machen", rief Fritz ihm zu, während er vorneweg flitzte. „Das schmeckt gar nicht so schlecht", fügte er tröstend hinzu.

„Muss ich wohl", brummte der Vater vor sich hin und ächzte, während er mit seinen mächtigen Beinen in die Pedale trat. „Mama und Jennifer aber auch!"

Boris zieht
die Bremse an

Habt ihr Lust zuzuhören, auch wenn diese Geschichte ein wenig traurig ist?

Dann erzähle ich euch von Boris, als er noch ganz, ganz klein war, so klein wie eine Bohne, und im Bauch seiner Mutter darauf wartete zu wachsen. Bohnen können ja überraschend schnell groß werden. Habt ihr schon einmal eine Feuerbohne beim Wachsen beobachtet? Bei Menschen geht das allerdings etwas langsamer.

Boris hatte alles in sich, was er brauchte, um ein kräftiger, großer, gesunder Junge zu werden, und er lag geschützt wie in einer warmen Höhle.

Wenn nur nicht dieses scheußliche Gift gewesen wäre, das seine Mutter sich in die Adern spritzte! Es durchdrang immer öfter und öfter die Wände seiner Höhle und betäubte ihn. Und der winzig kleine Boris konnte sich nicht dagegen wehren. Die Droge drang einfach in ihn hinein, und je mehr er wuchs, desto mehr gewöhnte er sich schließlich an sie.

Eines Tages war Boris nun fertig gewachsen und kam zur Welt. Aber er hatte keinen guten Anfang. Sein kleiner Körper zitterte und schwitzte. Es ging ihm wirklich schlecht. „Entzugserscheinungen!", sagten die Ärzte. „Armer Kerl, da muss er durch!" Das Baby musste sich, so klein es war, die Drogen abgewöhnen!

Will man so etwas überstehen, braucht man schon eine starke Natur, und die hatte Boris. Und das war gut so, denn sonst hätte diese traurige Geschichte auch noch ganz traurig geendet.

Boris wurde ein kräftiger Junge. Er spielte geschickt mit seinem Fußball und kletterte auf jeden Baum, der irgendwie erreichbar war. Aber sein Gesicht sah immer etwas grimmig aus. Ein bisschen zum Fürchten. Vielleicht fand er darum keinen einzigen Freund.

Seine Mutter hatte ihn sehr lieb, und weil sie ihn lieb hatte, versuchte sie auch immer wieder, mit den Drogen aufzuhören, aber das ist sehr, sehr schwer, wenn man sich erstmal daran gewöhnt hat. Und wenn man es allein probiert, kann man es kaum schaffen.

Und so nahm sie immer wieder Drogen.

Sie lebte dann wie im Traum.

Boris wollte das nicht. Er hasste es, wenn sie „high" war. Es war zuviel für ihn. Er schämte sich auch und hatte Angst, denn er musste ja schon furchtbar erwachsen sein, wenn seine Mutter dauernd träumte. Einer musste schließlich aufpassen.

Boris sprach fast nie und darüber schon gar nicht. Dafür sammelten sich Wut, Scham und Angst in ihm an wie Dampf in einem Kessel. Sie standen ihm bis zum Hals. Und da genügte ein kleiner Anrempler auf dem Schulhof oder ein abfälliges

Wort, um den Kessel zum Überkochen zu bringen. Er schlug dann um sich, und wer ihm unter die Fäuste kam, war nachher grün und blau. Einer trug sogar eine Gehirnerschütterung davon. Statt zu sprechen, schlug Boris. Das war seine Sprache. Die Kinder machten deshalb einen Bogen um ihn.

„Ach, Boris", sagte dann seine Mutter, und sah noch blasser und dünner und kränker aus als sonst, „warum kannst du dich denn nie bremsen? Ich weiß doch, dass du eigentlich ein guter Junge bist." Aber im Stillen dachte sie: „Das liegt ja alles nur an mir." Dann hatte sie ein ganz schlechtes Gewissen. Und wir müssen ja ehrlicherweise zugeben, dass sie Recht hatte.

Eines Tages klingelte es, und eine Frau vom Jugendamt besuchte sie. Boris lauschte an der Tür und wurde kreideweiß, denn er hörte die Frau sagen: „Es wäre wirklich das Beste, wenn wir Boris für eine Weile in ein Heim bringen." Boris war ganz schlecht vor Schreck, und sein innerer Kessel begann wieder zu kochen. „Er kann nicht bei Ihnen bleiben", hörte er die Frau sagen. Da machte er die Tür auf, rannte auf die Frau los und schlug mit beiden Fäusten auf sie ein.
Die Frau vom Jugendamt hatte so etwas noch nicht erlebt. „Da sehen Sie, wie nötig es ist, dass er wegkommt!", schrie sie und versuchte, sich von diesen wütenden kleinen Fäusten zu befreien.
„Der Junge bleibt hier!", hörte Boris da durch all seinen inneren Dampf seine Mutter sagen. „Ich gebe ihn nicht weg!"
Da hörte er auf zu boxen.
Als die Frau gegangen war, strich die Mutter ihrem Sohn über die Haare. „Wenn ich irgendwo-

hin muss, nehme ich dich mit. Du bist doch das Liebste, was ich habe." Dann nahm sie ihn auf den Schoß und schlang ihre Arme um ihn. Boris hielt ganz still, und sein Gesicht sah ein bisschen andächtig aus.

Ob es nun Boris' Fäuste waren oder der entschiedene Satz, den seine Mutter zu der Frau vom Amt gesagt hatte, oder beides, weiß ich nicht. Jedenfalls war diese wohl doch überzeugt worden, dass sie die beiden nicht auseinander reißen konnte. Aber beide gingen nun in ein Heim für Mütter und Kinder. Dort half man Müttern, sich die Drogen abzugewöhnen und erwachsen zu werden, und den Kindern half man, wieder Kinder sein zu können. Wenn wir nun denken, Boris sei jetzt mit einem Schlag ganz umgewandelt und wie ein sanftes Lamm gewesen, dann irren wir uns leider gewaltig. Er prügelte sich erst mal weiter, wie er es gewohnt war. Denn er stand weiter unter Dampf. So schnell traute er dem Frieden noch nicht. Zu viele Enttäuschungen hatte er schon erlebt, um sich jetzt in Sicherheit zu wiegen. Aber ihm gefiel es im Heim. Um seine Mutter kümmerten sich jetzt nette Frauen, und er konnte mit den anderen Kindern toben. Dort gab es sogar BMX-Räder. Boris baute sich kleine Sprungschanzen, über die er fuhr. Das machte Spaß, und er versuchte immer der Schnellste und Mutigste zu sein. Er durfte auch mit dem großen Fernlenk-Auto spielen. Das konnte man so herrlich gegen die Wand sausen lassen und dann im letzten Moment, wenn alle dachten, es kracht, noch abbremsen. Und das Tempo konnte er ganz allein bestimmen.

Und der Lenkdrachen! Wieviel Kraft man brauchte, um ihn zu beherrschen und gegen den Sturm anzukommen! Und wie lustig es war, ihn ganz tief runter sausen zu lassen, bis er beinahe den Boden berührte!

Auch einen Bolzplatz hatten sie. Da konnte sein innerer Dampfkessel ordentlich Druck ablassen.

Abends kam er dann müde zu seiner Mutter, berichtete ihr vom Drachen, dem Fernlenk-Auto, und vom BMX-Rad Fahren und zählte jedes der vielen Tore auf, die er an dem Tag geschossen hatte. Dann ließ er sich von ihr seine zahlreichen Beulen pusten.

Und eines Tages sagte die Mutter ganz überrascht: „Boris, du hast dich ja schon ganz lange nicht mehr geprügelt!" Boris stutzte. Dann nickte er etwas verlegen.

Nur einen Freund, den hatte Boris immer noch nicht.

„Wird hier im Heim eigentlich auch Geburtstag gefeiert?", fragte Boris eines Abends seine Mutter, als sie ihn zudeckte. „Na, klar, lass dich morgen mal überraschen", sagte sie geheimnisvoll und gab ihm einen Gute-Nacht-Kuss. Boris sah jetzt gar nicht so grimmig aus, als er einschlief. Ein ganz kleines Lächeln lag über seinen Augen. Man musste schon sehr genau hinsehen, um es zu entdecken. Boris' Mutter sah es und freute sich.

Am nächsten Morgen wurde Boris ganz früh wach. Er reckte sich, blinzelte ein wenig, dann sah er plötzlich etwas Großes, Rotes neben seinem Bett liegen. Erst glaubte er, noch zu träumen, dann aber hüpfte er mit einem Jubelschrei aus seinem Bett. „Ein Lenkschlitten! Jippiih!" Gleich machte er aber wieder sein ernstes, etwas verlegenes Gesicht. Wahrscheinlich fürchtete er, die Freude könnte zu groß für ihn sein.

Es war an diesem Geburtstags-Nachmittag. Alle Kinder rodelten um die Wette einen Hügel hinunter. Boris mit seinem neuen roten Lenkschlitten voreweg. Ein toller Schlitten, ganz glatt und wendig, und eine Bremse hatte der sogar. Die benutzte Boris aber gar nicht. Denn er wollte ja der Schnellste sein. Er musste unbedingt als erster unten ankommen, das meinte er, sich als stolzem Lenkschlitten-Besitzer schuldig zu sein. Wie ein Rennfahrer kam er sich vor und sauste in einem Affentempo den Hügel hinab...

Plötzlich hörte er hinter sich ein lautes Krachen und einen Aufschrei. Dann Stille. Was war das? Alle rasten weiter. Keiner schaute sich um. Boris trieb es auch weiter. Er wollte doch Erster sein. Aber da hatte er schon die Hand an der Bremse. Knirsch... Der Schlitten hielt. Neben ihm schossen die anderen vorbei, ohne sich um den Jungen zu kümmern, der ganz still neben seinem Schlitten an einem Baum lag.

„O, Mann", murmelte Boris, „der ist gegen den Baum gefahren! Peter ist das. Er ist ohnmächtig." Boris stapfte, so schnell es auf dem Schnee ging, nach oben, rannte zum Heim und holte Hilfe.

„Ich bin richtig stolz auf dich!", sagte die Mutter abends zu Boris, und der machte sein übliches ernstes Gesicht. Aber sie ahnte, dass er selber sehr froh war, rechtzeitig gebremst zu haben.

Das erste Kind, das Peter im Krankenhaus besuchen durfte, war Boris. Er brachte ihm eins von seinen Büchern zum Lesen mit. Etwas verlegen stand er mit dem Buch in der Hand an Peters Bett. „Du, weißt du eigentlich, dass du mir vielleicht das Leben gerettet hast?", sagte Peter unter seinem dicken Kopfverband heraus. „Der Arzt sagt, wenn ich viel länger da im Schnee gelegen hätte, wäre es brenzlig geworden. Danke!"

Boris konnte nicht viel herausbringen. Wir kennen ihn ja jetzt ein wenig: Wenn er starke Gefühle hat, auch angenehme, dann schlägt's ihm auf die Sprache.

Er legte Peter das Buch auf die Bettdecke und wollte gerade wieder gehen, da hörte er ihn noch etwas sehr Schönes sagen: „Woll'n wir Freunde sein, Boris?"

Boris nickte stumm und sah überhaupt nicht mehr grimmig aus.

Die
Mädchenbande

Mädchen können manchmal ganz schön hässlich zueinander sein, wenn sie auch entzückend aussehen.

Das musste Lena am eigenen Leibe erfahren. Denn sie war das Opfer der Mädchenbande aus der 4a, und zwar schon seit mehreren Wochen.

Vielleicht traf es gerade sie, weil sie besonders still und schüchtern war. Vielleicht weil ihre Eltern reich waren und sie in einem großen Haus wohnten, und weil Lena sich immer hübsche Sachen kaufen konnte. Vielleicht geschah alles aber auch nur aus reiner Langeweile.

Die Bande hatte solch eine Macht über Lena, dass ihr das Leben beinahe verleidet war. Sie war oft krank, manchmal nur, weil sie sich einfach nicht zur Schule traute.

Zu der Bande gehörten Sandra, Jessika, Jennifer und Sabrina; doch die Schlimmste von allen war Marie.

Zuerst hatten die Mädchen sich über Lena lustig gemacht. Sie hatten höhnische Bemerkungen fallen lassen, und alle hatten sie ausgelacht. Dann hatten sie ihr böse Worte zugezischt. Am meisten hatte es sie getroffen, als sie „hässliche Gans" zu ihr gesagt hatten, denn Lena fand sich selber hässlich. Sie fand, dass sie das hässlichste Mädchen der ganzen Schule war.

Von nun an versuchte sie ihr Gesicht unter ihrem schönen, langen, blonden Haar zu verstecken. Schließlich, und das war das Allerschlimmste, hatten sie ihr die beste Freundin weggeschnappt. Sie hatten Lügengeschichten über Lena verbreitet, und die Freundin hatte es geglaubt. Nun gehörte auch sie zu der Bande.

Das war aber nur der Anfang gewesen.

Es war an einem Montag. Lena fand Montage sowieso zum Kotzen. Aber die Pausen waren besonders ruhig verlaufen. Trotzdem schlich sie nach Schulschluss vorsichtig und mit hängendem Kopf am Rande des Schulhofs entlang, wieder einmal ganz allein.

Da sprangen die sechs von der Bande hinter einer Ecke hervor. Marie hatte etwas in der Hand. Es zischte. Lena zog den Kopf ein und kniff die Augen zu. Da war sie schon rot umnebelt. Marie sprühte mit roter Farbe. Es ging alles ganz schnell, und weg waren die sechs. Trotzdem rannte Lena und hustete und rannte. Zu Hause sah sie sich voller Entsetzen im Spiegel: große rote Flecken waren auf ihrem blonden Haar! Das Schönste, was sie hatte, ihr Schutz, war verdorben.

Weinend wischte sie mit einem nassen Tuch daran herum. Dann nahm sie Pinselreiniger, der brannte höllisch auf ihrem Kopf, und alles verschmierte noch mehr.

Schließlich kam ihre Mutter und versuchte der verzweifelten Lena zu helfen. Sie mussten die Schere nehmen und ganze Haarsträhnen abschneiden. Völlig zerrupft sah sie jetzt aus!

Lena ging drei Tage nicht in die Schule.

Ihre Eltern waren sehr aufgebracht. Sie wollten gleich mit der Lehrerin und mit dem Direktor sprechen, aber Lena flehte sie an, es nicht zu tun. „Dann wird die Bande sich an mir rächen!", sagte sie und verriet die Mädchen nicht.

Hätte sie geahnt, was ihr bevorstand, hätte sie sich sicher anders entschieden.

So schrieb die Mutter ihr eine Entschuldigung und Lena quälte sich wieder zur Schule. Auf dem Weg versuchte sie sich zu trösten. Sie sagte sich: vielleicht ärgern sie ja jetzt eine andere. Aber sie glaubte es im Grunde selber nicht. Mit Recht. Denn diesmal wurde es besonders arg.

Sie kamen in der Pause, all sechs, und umzingelten Lena. Marie stellte sich ganz dicht vor sie und hielt ihr ein Messer unter die Nase, ein scharfes, spitzes Klappmesser. Sie wollten Geld. Lena wurde es ganz kalt. Sie zitterte in Todesangst. Mechanisch tat sie alles, was sie von ihr verlangten, zog ihr Portemonnaie heraus und gab ihnen die Scheine, das Geburtstagsgeld von der Großmutter. Und so schnell wie sie gekommen war, lief die Bande weg, alle sechs.

Kein Lehrer hatte etwas bemerkt, so schnell und leise war es vor sich gegangen.

Aber einer hatte alles gesehen. Jannik aus Lenas Klasse. Er war gerade vorbeigekommen. Einen Moment hatte er gezögert. Einen Moment lang wollte er einfach weitergehen. Es wäre ja einfacher wegzusehen. Lena nahm ihn sowieso nicht wahr. Sie stand da wie erstarrt. Aber er zögerte nur einen Moment, dann ging er zu ihr. „Komm, das sagen wir dem Schulleiter!" Und genauso willenlos wie Lena ihr Geld hergegeben hatte, ließ sie sich zum Schulleiter führen und Jannik berichten, was er beobachtet hatte.

Es dauerte ziemlich lange, bis Lena wieder sprechen konnte. Der Schulleiter hörte sich alles geduldig an, aber er wurde immer zorniger, als er hörte, wie die Bande sie schikaniert hatte. „Gut, daß ich es jetzt weiß", sagte er. „Ich hatte schon lange so einen Verdacht." Und er sagte noch, das sei ja kriminell. Dann beriet er sich mit den anderen Lehrern.

„Ich bin ein sehr geduldiger Mensch", sagte der Schulleiter zu ihnen, „und wirklich nicht streng, aber bei so etwas habe ich keine Geduld."
Dann rief er die Polizei.

Und so kam es, dass zum ersten Mal die Polizei in die Schule kam (außer dem Polizeikasper natürlich). Sie machten ein richtiges Verhör und schrieben alles in ihre dicken Akten, und Marie, Sandra, Jennifer und die anderen Mädchen der Bande saßen nun bleich und verschreckt da und mussten stotternd alles zugeben.

Ins Gefängnis warf man sie zwar nicht, und sie bekamen auch keine polizeiliche Strafe. Aber der Schulleiter schickte ihren Eltern einen Brief mit einem Stempel. In dem Brief drohte er, dass die Mädchen nie wieder in diese Schule kommen dürften, wenn so etwas noch einmal vorkäme.

Und dann hatte er sich noch etwas ausgedacht: Man sah jetzt alle sechs Mädchen in den Pausen mit Harken und Schaufeln und Gießkannen an einem großen Beet arbeiten. Ein Lehrer beaufsichtigte sie dabei. Einige Wochen später blühte es sehr schön am Schulhofrand.

Noch etwas Anderes hatte er sich überlegt: In der Schule wurde ein Ruheraum eingerichtet. Die Kinder, die es gern still hatten, durften dort die Pause verbringen, lesen, malen, basteln oder in der großen Hängematte liegen. Jeder konnte sich da sicher fühlen.

„Vielleicht müssen wir auch noch einen Toberaum einrichten für unsere wilden Kinder", dachte der Schulleiter, denn er war wirklich nett, und er gehörte zu den Erwachsenen, die noch nicht vergessen haben, was Kinder brauchen.

Es kehrte also endlich wieder Ruhe ein, soweit man auf Schulhöfen überhaupt von Ruhe sprechen kann. Jedenfalls war die Bande jetzt keine Bande mehr.

Das Geburtstagsgeld bekam Lena zurück. Sie brauchte es auch dringend, denn sie wollte Jannik so gern ins Kino einladen. Zum Dank dafür, dass er nicht einfach weitergegangen war. „Du darfst dir einen Film aussuchen", sagte sie, „aber keinen mit Klopperei, davon hab ich erstmal die Nase voll!"

Das Kind, das
niemand haben wollte

Als ich Mario kennenlernte, war er schon fünf. Erst dachte ich, er sei nicht mal drei, so ein kleiner Knirps war er. Alles an ihm war fein, aber nicht fein wie eine Vogelfeder, eher fein wie eine kleine Sprungfeder, die überraschende Kraft hat, wenn man sie antippt. Seine dunklen Augen sprühten vor Tatendrang unter einer braunen Haarbürste.

Und von Mario und seinem wechselhaften Leben handelt diese Geschichte.

Ich erzähle sie euch von Anfang an, damit ihr besser verstehen könnt, warum Mario so geworden ist, wie er war.

Als Mario noch ein Baby war, stritten sich seine Eltern jeden Tag und auch noch in der Nacht, und sie stritten sich so furchtbar, dass der Vater eines Tages fortging und eine andere Frau heiratete.

Auch diese hatte sich mit ihrem Mann zerstritten und war mit ihrer Tochter Klara fortgegangen.

„Wir sind jetzt eine richtige Familie", sagte die Frau oft. „Eine richtige Familie sind wir ja eigentlich nicht", dachte der Mann. Aber er sagte nichts, denn er wollte sich nicht streiten.

Was geschah nun aber mit dem kleinen Mario? Er war ja noch ein Baby. Aber trotzdem merkte er schnell, dass seine Mutter überhaupt nicht glücklich war. Und er schrie. Etwas anderes kann man ja als Baby auch nicht tun. Er schrie Tag und Nacht. Das konnte die Mutter aber nicht aushalten. Sie wollte kein Kind, das so schrie, und brachte es zu den Großeltern.

Als der kleine Mario laufen gelernt hatte, flitzte er mit seinen geschickten, flinken Beinen umher. Munter schaute er aus dunklen wachen Augen in die Welt und begann bald die ersten Worte zu sprechen. So munter war er und so neugierig auf die Welt, dass es den Großeltern bald auch zu anstrengend wurde. Sie schalten und schimpften viel mit ihm. Aber wenn man zwei ist, muss man auf Entdeckungsreisen gehen, man muss alles anfassen und ausprobieren. Da geht eben manchmal etwas zu Bruch. Das konnten die Großeltern aber nicht aushalten. Sie wollten nur ein Enkelkind, das ganz ruhig und artig war. Ja, und so passierte es dem kleinen Mario zum zweiten Mal, dass jemand ihn nicht mehr haben wollte.

Der Vater hörte davon. Fragend guckte er seine neue Frau an. Und sie sagte sofort: „Wir nehmen ihn. Dann sind wir erst recht eine richtige Familie." Dabei waren sie ja erstmal ein Vater mit seinem Sohn und eine Mutter mit ihrer Tochter.

So kam Mario zu ihnen, zu seinem Papa, den er noch gar nicht kannte, zu einer fremden Frau und einem fremden Mädchen.

Für den kleinen Mario war nun alles wieder ganz neu. Da gab es viel zu entdecken und auszuprobieren. Besonders in der Küche war es spannend. Ein Apparat war da, aus dem süßer Saft floss, wenn man oben Äpfel hineinsteckte. Mario wollte sehen, wie es darin aussah und schraubte alle Teile ab. Da schimpfte seine neue Mutter sehr und setzte alles ärgerlich wieder zusammen.

Er musste auch unbedingt erkunden, wie das Gelbe in den Einmachgläsern schmeckte, und als er an den Gummiringen zog, zischte es so schön. da wurde die neue Mutter wütend, denn alles war verdorben.

Auch Klaras Zimmer enthielt wunderbare Geheimnisse: Fläschchen, die ganz gut rochen, aber schnell umkippten, rote, blaue und grüne Stifte, mit denen man sich schön bunt anmalen konnte, die aber schnell abbrachen, und ganz viele andere schöne Dinge.

Aber alles, was Mario schön fand, gefiel seiner Stiefmutter gar nicht. Sie tobte und strafte, und sie schalt mit Marios Vater: „Sag du doch auch mal was, du bist ja schließlich sein Vater!" Dann sagte der Vater meistens müde: „Mario, was soll das?" Eigentlich fand er das alles nicht so schlimm.

Aber er wollte sich nicht streiten.

Der kleine Mario verstand überhaupt nicht, warum seine Stiefmutter immer so wütend wurde. Er hatte doch nur ein paar Sachen ausprobiert. Und weil er sich schon langsam daran gewöhnt hatte, dass niemand mit dem, was er tat, einverstanden war, und ihn sowieso keiner verstand, ließ er die bösen, wütenden Worte gar nicht erst in sich herein. Er tat einfach das, was er wollte, aber innen drin stieg ein großer Zorn hoch; der sammelte sich an und konnte nicht raus.

So ging das eine ganze Zeit.

Es war ein schöner Sommertag. Mario hatte Stubenarrest, weil er am Abend vorher nicht rechtzeitig vom Spielen heimgekommen war. Er sah die Kinder draußen Rad fahren und Verstecken spielen, und er saß hier im Zimmer fest! Wie konnte sie so gemein sein, ihn hier einzusperren, wo er so gern lief und tobte und wo die Sonne heute endlich schien! Klara hatte ihn auch geärgert. Und jetzt steckte seine Stiefmutter ihren Kopf herein: „Vielleicht kommst du jetzt ja mal zur Besinnung!", sagte sie schadenfroh.

Mario presste die Lippen zusammen. Er würde nicht weinen und nichts sagen, und wenn er platzte. Und da geschah es zum ersten Mal bei hellichtem Tag: Mario machte seine Hose voll.

Erst war er erschrocken und überlegte, wo er die Hose am besten verstecken könnte. Dann dachte er: „Das geschieht ihr ganz recht!" Zum Abendessen erschien er mit einer unverkennbaren, sehr bemerkenswerten Duftfahne. Ihr könnt euch ja vorstellen, wie dick die Luft jetzt bei ihnen wurde.

Mario behielt diese Angewohnheit bei. Ihm war einfach danach. Es war sein Ausdruck von Wut und Verzweiflung und Sehnsucht nach Liebe. Leider konnte seine Stiefmutter das gar nicht so sehen. Sie fand ihn widerlich und ungezogen, ja „unerziehbar".

Papa hatte auch nichts mehr zu lachen. Er musste seinen Jungen abends nach der Arbeit abduschen. Mario mochte das. Es war ja das Einzige, was er von seinem Vater hatte. Und später am Abend musste sich der Vater dann von seiner Frau lange Klagen anhören. Dabei hätte er viel lieber vor dem Fernseher gesessen und Fußballspiele angesehen. Nein, Marios Papa hatte nichts mehr zu lachen.

Mario aber erst recht nicht.

Es war nicht mehr zum Aushalten zu Hause. Vom Spielen kam er darum immer später heim und eines Abends gar nicht. Es war schon dunkel. Der Vater war schon seit zwei Stunden von der Arbeit zurück. Die ganze Familie suchte und rief nach Mario. Schließlich fanden sie ihn auf dem Spielplatz im Spielhäuschen ganz allein zusammengekauert im Dunkeln sitzen, und die Hose war auch wieder voll.

Spätestens da hätte ja jeder sehen können, wie unglücklich der kleine Mario war. Wenn ein kleines Kind spät abends nicht nach Hause will, ist es meistens nicht das richtige Zuhause. Aber es gab wieder nur Schelte und Geschrei, und der Vater schaute verlegen zu seiner Frau hin und sagte schwach: „Das geht doch nicht, Mario!"

An dem Abend stellte die Stiefmutter Marios Vater vor eine Entscheidung: „Entweder Mario oder ich!", schrie sie und ließ die Türen knallen.

Mario hörte es in seinem Bett. Er lag ganz still da und dachte sich: „Ich will ja gar nicht bei euch bleiben." Aber er fürchtete sich auch sehr vor dem, was nun kommen würde.

Und Marios Vater? Der sagte nicht ja und sagte nicht nein. Er wollte sich vor allen Dingen nicht streiten.

So wurde der kleine Mario zum dritten Mal weggegeben.

Aber stellt euch vor: Als Mario im Kinderheim war, ging es ihm besser. Für ihn wurde es wirklich ein „Heim" wie eine Heimat. Wenn ihr einmal in einem Kinderheim gewesen seid, wisst ihr, dass es gar nicht so ist, wie manche denken. Man kann sich dort auch sehr wohl fühlen.

Seine Erzieherin hieß Maria, und sie mochte ihn. „Mein kleiner Pfiffikus", sagte sie liebevoll zu ihm, weil er so pfiffige Fragen stellte und witzige Ideen hatte.

Und wenn er ab und zu mal wieder in die Hose gemacht hatte, schimpfte sie gar nicht. Denn sie wusste, dass Kinder das nicht aus Bosheit tun, sondern weil sie in Not sind.

Dann verabredeten sie eine Meckerstunde, in der Mario alles sagen durfte, auf das er wütend war, oder auch worüber er traurig war.

Und wenn er es nicht mit Worten sagen wollte oder sagen konnte, dann hieb er es auf die Boxbirne oder schlug es mit dem Hammer auf die Werkbank, dass es krachte.

Manchmal verbrannte er seinen Ärger auch in einem lodernden Feuer hinten im Hof oder knallte ihn mit einer Knallpistole in die Welt.

Mario hatte so etwas noch nie erlebt: Maria interessierte sich für ihn und mochte ihn, auch wenn er nicht so funktionierte, wie er sollte, und sogar wenn er in die Hose gemacht hatte!

Von jetzt an begann ein neues Leben für den Jungen, den keiner haben wollte. Denn nun war er endlich willkommen.

Frau Lachfalte hat
eine Idee

Alle beneideten Daniel und seine Klasse um ihre Lehrerin. Eigentlich hieß sie Frau Lange, aber die Kinder nannten sie liebevoll Frau Lachfalte. Denn sie hatte die wunderbare Eigenschaft, sogar den verfahrensten Lebenslagen noch etwas Komisches abzugewinnen. Zornig wurde sie nur, wenn jemandem wehgetan wurde. Aber sie konnte nie lange böse sein, dafür hatte sie die Menschen viel zu gern.

Frau Lachfalte – ich nenne sie jetzt auch so, weil ich das viel schöner finde als Frau Lange – also Frau Lachfalte war so reich an Ideen, dass es in der Schule einfach nie langweilig wurde.

Daniel hatte also Glück.

Er konnte auch ein wenig Glück gebrauchen, denn einfach war das Leben für ihn nicht. Er hatte nämlich ein Handicap: Er humpelte und brauchte einen Stock.

An dem Tag, von dem ich erzählen will, fand Daniel aber überhaupt nicht, dass er Glück hatte. Wa-

rum mussten sie auch dieses blöde Umrisse-Zeichnen machen! Jeder legte sich auf ein großes Blatt Papier, und ein anderer malte dann um ihn herum seinen Umriss. Dennis hatte dauernd mit ihm rumgemeckert. „Zappel doch nicht immer so! Du liegst ja ganz krumm! Dein Bein ist ja ganz schief." Dennis wusste doch, dass er ein schiefes Bein hatte! Er konnte es doch nicht gerade machen! Frau Lachfalte fand so etwas auch überhaupt nicht komisch. Sie hatte mit Dennis geschimpft. Der war dann still gewesen. Aber nachher hatten die anderen Daniel in der Pause gehänselt. Lisa, die sonst nie den Mund aufmachte, hatte „Schiefbein" hinter ihm hergerufen, und Marcel, der immer alle anrempelte, hatte ihn grinsend „Zappelheini" genannt. Ole, der Kleinste in der Klasse, der immer besonders großtun musste, rief: „Hinkepott, Hinkepott!" Das hatte so wehgetan, als ob sie ihn gehauen hätten, und Daniel war plötzlich ausgerastet und hatte mit seinem Stock um sich geschlagen. Das hatten sie natürlich gleich der Pausenaufsicht gepetzt, und er wurde angemeckert. Dabei hatte die doch von nichts eine Ahnung!
Darum fand Daniel an diesem Tag wirklich nicht, dass er Glück hatte. Er verkroch sich für den Rest der Pause in seinen Lieblingsraum. Der war angefüllt mit bunten, kleinen Bällen. Dort buddelte er sein schiefes Bein ganz tief ein und seinen Stock schmiss er in die Ecke.
Wieder im Klassenraum sah er dann sein Umriss-Bild. Ganz groß hing es an der Wand, und es sah schief und krumm aus. Daneben waren all die anderen Umrisse der Mitschüler aufgehängt. Ebenmäßig und gerade hingen sie dort, eins neben dem anderen.

Da packte ihn die nackte Wut. Er humpelte zur Wand und riss sein Bild herunter, dass die Fetzen flogen, und das nächste Bild und noch eins, bis alle zerfetzt waren. Er war außer sich vor Zorn auf alle Kinder, die gerade Beine hatten.

In diesem Augenblick trat Frau Lachfalte in die Tür. Sie verstand sofort, was los war, und hielt Daniel an den Schultern fest. „Du bist sehr gekränkt worden, nicht?", sagte sie nur und blickte ihn freundlich an. Er schnaufte noch und schwitzte und konnte gar nichts sagen.

Als er sich später beruhigt hatte und selber etwas erschrocken war über das, was er angerichtet hatte, sagte Frau Lachfalte mit ihrem verschmitzten Lächeln in den Augen: „Du sahst beinahe aus wie ein wilder Stier beim Stierkampf, als du da auf die Bilder losgestampft bist!" Da musste Daniel doch lachen.

Frau Lachfalte aber vergaß den Vorfall nicht so schnell. Sie war traurig über Daniel und über Dennis, Lisa, Ole und Marcel. Und sie überlegte und überlegte, was sie tun könnte, damit in der Klasse mehr Frieden herrschte.

Und dann hatte sie wieder eine ihrer wunderbaren Ideen, und sie nahm sich fest vor, sie Wirklichkeit werden zu lassen.

„Kann jemand von euch jonglieren?", fragte Frau Lachfalte einige Tage später ihre Klasse. Es meldete sich niemand. Alle guckten nur etwas verdutzt.

„Und Einradfahren?" Auch keiner. „Aber ich kenne ein Mädchen aus unserer Siedlung, die es kann!", rief Sven eifrig. „Und hat jemand ein Diabolo-Spiel?" „Das mit dem Band an zwei Stöcken, mit dem man diese Art große Garnrolle immer hochschleudert? Ja, sowas hat mein Freund!", rief Peter.

Aber was wollte Lachfalte mit diesen Fragen?

„Aber Stelzen laufen, das kann doch sicher einer von euch." Es meldeten sich gleich drei.

Und dann kam es: „Ich hab nämlich etwas mit euch vor!" So still war es selten in der Klasse. Alle waren gespannt. „Wir gründen einen Zirkus!" „Einen richtigen Zirkus?" Die Kinder schauten Lachfalte ziemlich ungläubig an. „Das hängt von uns allen ab", meinte Lachfalte nur.

„Ich bin der Zirkusdirektor!", rief der freche Marcel. „Nee, ich! Ich kann das viel besser!", protestierten einige. „Und ich bin der Löwe!" „Ich auch!" „Ich möchte Seiltänzerin sein." Großer Tumult herrschte in der Klasse. Jeder hatte eine Idee. Ihr könnt euch denken, dass es für Frau Lachfalte nicht so einfach war, alle zufriedenzustellen. Denn drei Zirkusdirektoren hat doch kein Zirkus.

Aber viele Clowns konnten sie gebrauchen. Das war die ideale Rolle für Marcel, den Rempler. Der konnte nun rempeln, so viel er wollte, ohne dass jemand meckerte. Im Gegenteil, alle lachten schon bei Marcels ersten Versuchen.

Und Ole, der Kleinste, der immer so großtun musste, bekam Stelzen. Da war er der Allergrößte von allen. Das genoss er, kann ich dir sagen!

Brüllende Löwen waren auch sehr leicht zu finden.

Und Lisa, die Stille, die nie wagte, einen Pieps zu sagen und nur heimlich frech war, durfte mit einem wunderhübschen rosa Kleid und einem rosa Sonnenschirm als Seiltänzerin Rosalia auftreten. Sie fühlte sich schon bei dem bloßen Gedanken so schön, dass sie wie auf Wolken schwebte. So gut und erhoben hatte sie sich noch nie im Leben gefühlt.

Und der verträumte Joschka, dem es immer etwas schwer fiel, aufzupassen, lernte doch tatsächlich, mit drei Bällen zu jonglieren!

Ich kann es bezeugen. Ich war nämlich dabei, als die Klasse von Frau Lachfalte ihre erste Zirkusvorstellung gab. Ja, eine richtige Zirkusvorstellung in einem Zelt, das bis zum letzten Platz gefüllt war mit Zuschauern, großen und kleinen. Sie saßen auf langen Bänken und aßen Popkorn aus der Popkornmaschine, wie es sich in einem Zirkus gehört. Da gab es auch eine richtige Zirkuskapelle, die echte Zirkusmusik spielte. Ich hab da, glaub ich, ein paar Schüler aus den höheren Klassen entdeckt. Sie hatten Trompeten, Flöten, ein Saxophon, ein Schlagzeug und ein Keyboard.

Sie spielten einen lauten Tusch.

Die Lichter gingen an.

Der bunte Vorhang wurde aufgezogen, und es erschien, bekleidet mit einem hohen, spitzen Hut und einem langen Mantel aus blauem Samt mit Sternbildern darauf, der Zirkusdirektor.

Er sah prächtig aus und alle applaudierten. Er hinkte etwas und stützte sich auf seinen bunten Stock.

Jemand erzählte die Geschichte von einem Zauberer, der gleichzeitig Zirkusdirektor war und nach einem Sturz vom fliegenden Teppich ein kleines bisschen humpelte.

Als der Zirkusdirektor durch die Manege schritt, sah ich sein strahlendes Gesicht und erkannte ihn. Es war Daniel! Daniel hatte die Hauptrolle. Er zauberte mit seinem bunten Stock vor jeder neuen Nummer den Vorhang auf. Er hatte die ganze Vorstellung im Griff, ohne dass er etwas sagen musste.

Und da war so viel zu sehen! Einradfahrer drehten geschickt ihre Runden, Löwen machten Männchen auf ihren Podesten und brüllten, dass man beinahe eine Gänsehaut bekam. Die Seiltänzerin Rosalia balancierte graziös in ihrem rosa Kleidchen mit dem rosa Schirm auf einem Schwebebalken. Riesenhafte merkwürdige Gestalten stelzten durch die Manege. Ich wusste ja, dass da auch der kleine Ole drunter steckte.

Und dann kamen die Clowns mit roten Nasen, dicken Bäuchen und Hosenträgern und riesenhaften Schuhen, purzelten sofort durcheinander, rempelten sich wieder und wieder, dass sie hinfielen und alle zum Lachen brachten.

Alles kann ich gar nicht erzählen, es war zu viel und zu schön.

Ganz hinten saß Frau Lachfalte und war auch ganz glücklich.

Daniel sah man von diesem Tage an nur noch mit dem bunten Stock, und es blieb immer ein wenig von der Würde eines Zirkusdirektors und dem Zauber eines Magiers um ihn.

Ein Wutgeist
kann ein Freund sein

Schon wieder ist es passiert. Max hat Lena gebissen. Richtig fest hat er sie in den Arm gebissen, dass man es sehen kann: ein roter Halbkreis. Lena brüllt wie am Spieß, dabei hat sie Schuld, sie hat ihm alle Playmobilfiguren durcheinandergeworfen. Er hatte alles so schön aufgebaut und wollte gerade anfangen zu spielen.
Aber Max ahnt schon, es wird so sein wie immer: Da kommt die Mutter auch schon angelaufen. Sie schimpft laut mit ihm, hält Lenas Arm tröstend unter den Wasserhahn und schreit zwischendurch weiter auf Max ein. Was ist er für ein böser Junge, er weiß doch, dass das wehtut, Lena ist doch noch so klein und kann sich nicht wehren. Lena schluchzt noch ein bisschen, aber aus ihren Augenwinkeln blitzt etwas Triumphierendes auf. Da tritt Max wütend gegen ihren Puppenwagen, dass der im hohen Bogen in die Ecke fliegt. Dann verzieht er sich beleidigt in sein Zimmer.
Abends wird sie es wieder Papa erzählen. Der

wird dann nochmal mit ihm schelten. Er wird wieder fragen, warum er das denn immer macht. Aber er wird gar nicht erst auf eine Antwort warten. Denn dann wird er den Computer schon angestellt haben. Wenn der an ist, hört und sieht Papa sowieso nichts mehr.

Auch nicht schlecht, denkt Max, dann wird er, während Mama Lena ins Bett bringt, den Cowboy-Film ansehen. Peng-Peng, da wird geschossen, da ist was los. Peng-peng. Das sind Männer.

Piep, piep, piep... der Computer. Max möchte auch mal tippen. Er stellt sich daneben. Papa blickt nicht auf. Zack! Max hat eine Taste gedrückt. Papa schreckt hoch und gibt ihm einen Klaps auf die Finger. „Was fällt dir ein, das ist nichts für Kinder!" „Ich will aber auch mal", schreit Max und stampft mit dem Fuß. „Doofer Papa, nie darf ich was!" Da reicht es dem Vater. Er ruft ärgerlich nach seiner Frau. Warum kümmert sie sich nicht?! Er hat zu arbeiten! Der Junge gehört ins Bett!

Max träumt in dieser Nacht wieder vom Wutgeist. Es ist ein roter, heißer, beweglicher Geist. Er kann sich beliebig verwandeln wie das Feuer, mal klein wie ein Flämmchen flackern, dann wieder lodern wie ein Höllenfeuer. Der Wutgeist ist sein Freund, er ist bei ihm und erwärmt ihn und hilft ihm, große Taten zu vollbringen. Sie reiten durch die Lande, kämpfen gegen die Bösen, befreien die Guten, stecken Burgen und Schlösser in Brand, stampfen alles nieder. Mächtig sind sie und zornig und mutig, er und der Wutgeist...
Da klingelt der Wecker.

In der Schule rempelt ihn Peter an. Nur aus Spaß.
Aber Max flippt schon wieder aus. Die Wut in ihm
lodert hoch wie ein großes Feuer und nimmt von
ihm Besitz. Sie lässt ihn auf Peter einboxen und
ihn zu Boden schmeißen. Peter blutet schon aus
der Nase.

„Mal wieder der Max!", hört man von allen Seiten. Dann kommt der Lehrer und trennt die beiden.
Abends erzählt Max' Mutter dem Vater vom Anruf
des Lehrers. Max horcht an der Tür und versteht
alles ganz deutlich: Sie überlegen, wie es weitergehen soll mit ihm, der so unbeherrscht ist. Wie
oft haben sie schon mit ihm geredet, ihn bestraft,
nichts hat gefruchtet.

Plötzlich sagt der Vater heftig: „Das hat er von
deinem Bruder Karl, der war ja auch immer so
jähzornig!"

„Unsinn!", schreit die Mutter, „es liegt alles nur
daran, dass du nie Zeit für ihn hast! Ja, für uns alle
hast du nie Zeit! Aber dein Computer, der ist dir
wichtig!" Da ist es heraus, und ein heftiger Ehe-
streit entzündet sich.

Max zittert ein bisschen hinter der Tür. Ob sie sich
jetzt gleich prügeln? Aber es stimmt ja, was die
Mutter sagt. Der Vater hat wirklich nur Zeit für
seinen Computer, denkt er.

Die Stimmen werden immer lauter und härter. Nun
bekommt Max Angst. Wenn andere wütend sind,
findet er es nicht so gut.

Max hält sich die Ohren zu. „Bitte hört auf!", flüstert er. Dann kriecht er in sein Bett und zieht sich
die Decke über den Kopf. Er denkt darüber nach,
ob es sein Freund, der Wutgeist, sein kann, der
gerade bei seinen Eltern herumlodert. Möglicher-
weise kann der ja auch unangenehm werden. Viel-

leicht ist er es auch, der ihn immer so wütend werden lässt?

Als Max später ängstlich nach drüben horcht, ist es still geworden. Er schleicht zum Wohnzimmer. Ob Papa jetzt weggegangen ist? Ob sie sich womöglich seinetwegen scheiden lassen? Max hat Angst. Aber da sieht er seine Eltern friedlich nebeneinander auf dem Sofa sitzen. „Was macht ihr?", fragt er. „Wir denken nach, Max. Geh wieder ins Bett", sagt die Mutter freundlich. Sie sieht aber traurig aus. Und Papa auch.

Als Max im Bett ist, sagt die Mutter zum Vater: Ich habe eine Idee: Du hattest vorhin eigentlich doch Recht mit Karl. Er war wirklich früher so ein Wutkopf wie Max. Und trotzdem ist ein guter Erwachsener aus ihm geworden. Wir könnten ihn mal fragen, wie er das mit seiner Wut hingekriegt hat.

Als Onkel Karl von Max und seinen Wutanfällen hört, lacht er erst einmal herzhaft, denn er mag Kinder, die aus dem Rahmen fallen.

Er lädt Max gleich zu sich ein und unterhält sich mit ihm über seine Wutanfälle. Max erzählt ihm, dass er diesen Wutgeist in Verdacht habe. Der tobe sich manchmal zu sehr bei ihm aus, und er käme dann nicht dagegen an. Nur Ärger habe er seinetwegen.

Der Onkel zieht an seiner Pfeife und schaut den Rauchwölkchen nach. „Du hast ganz Recht, das ist so eine Art Geist, der einen dann packt, wenn man wütend wird, und man tut etwas oder sagt etwas, was man nicht wollte und was einem nachher Leid tut. Ich kenne das, und ich will dir helfen. Aber eine Bedingung habe ich: Du darfst nicht am Ende so ein braver Musterknabe werden; die finde

ich einfach stinklangweilig!" „Keine Gefahr."
Max grinst. Da lachen sie beide.

Max ist begeistert von seinem Onkel Karl. Da ist
es nicht wie sonst bei Onkeln, die fernsehen, Zeitung lesen oder telefonieren. Bei Onkel Karl ist
alles anders und beinahe so wie bei seinem Wut-
geist-Freund aus dem Traum. So wie Martin es
dringend braucht.

Am tollsten findet er die Feuerstelle im Garten.
Max darf gleich Stöcke sammeln und ein Feuer
machen. Herrlich, wie die Flammen züngeln und
gelb, rot und orange lodern, wie sie hochflackern
und dabei prasseln! Wie sie alles verschlingen,
was man ihnen vorwirft; alles verwandeln sie in
Asche! Und wie es wärmt! Da mag er gar nicht
aufhören. „Morgen darfst du wiederkommen",
verspricht der Onkel, als das Feuer endlich nieder-
gebrannt ist und Max müde wird.

Noch viele Feuer entfacht Max im Laufe der Zeit
an dieser Feuerstelle, und der Onkel wird es nie
müde, ihn dabei zu begleiten. Er liebt Lagerfeuer
nämlich auch über alles.

Max lernt, das Feuer zu kontrollieren, so wie er es
will. Er kann es klein halten, indem er ihm weniger Nahrung gibt und es mit seinem Stock, mit
Sand oder Wasser bändigt. Oder er kann es ordentlich flackern und prasseln lassen.

Wenn das Feuer dann heruntergebrannt ist, hat er
oft das Gefühl, als habe er auch alles Ärgerliche,
Unangenehme, Traurige und Wuterregende mit-
verbrannt. Er fühlt sich dann zufrieden und ein
wenig befreit.

Ab und zu lud Karl auch Max' Vater dazu ein. Der
kam auch und brachte sogar Würstchen und Stock-

brotteig mit und auch ein paar Zündplättchen. Die knatterten so herrlich im Feuer.

„Das sollten Computermenschen wie du mal öfter machen", fand der Onkel.

Eines Tages sagte Onkel Karl, als er Max nach einem herrlichen Lagerfeuer-Nachmittag verabschiedete: „Jetzt bist du ein Feuerbändigermeister!"
Wenn du deinen Wutgeist genauso bändigen könntest, wäre ja schon viel geschafft."

„Du, ich glaube ich kann es schon." Max schaut zu ihm hoch. „Komisch, gestern hat mich der Peter schon wieder gerempelt, und ich hab ihn gar nicht verhauen!"

„Was hast du denn stattdessen gemacht? Du wirst mir nicht doch noch ein Weichei?!"

„Nee! ‚Alter Rempler' hab ich zu ihm gesagt. Dann bin ich einfach weggegangen. Es war total einfach."

„Und wie oft hast du Lena gebissen in letzter Zeit?" „Überhaupt nicht. Aber 'ne Zicke ist sie. Das steht fest. Jedenfalls manchmal. Das hab ich ihr auch deutlich gesagt."

„Aha, da kann ich ja richtig beruhigt sein." Der Onkel schmunzelt und bläst ein Wölkchen in die Luft.

„Wenn du nicht mehr beißt und dich überhaupt nicht mehr prügelst, brauchst du meine Hilfe vielleicht gar nicht mehr."

„Doch!!!", kommt es empört von Max.

„Na gut, dann tob dich sicherheitshalber noch eine Weile bei mir aus." Man sieht dem Onkel an, dass er selber sehr froh darüber ist, Max noch länger zu Besuch zu haben.

„Aber wehe, du kloppst dich jetzt nur, um weiter zu mir kommen zu können!", lacht Onkel Karl. „Auch liebe Kinder dürfen bei mir spielen! Nur keine Musterknaben." Aber Max antwortet nicht, er hat nämlich gerade die Ritterrüstung entdeckt. Sie hat genau seine Größe und besteht aus leichtem, aber festem Material.

Sofort verwandelt Max sich in einen prächtigen Ritter, und Onkel Karl und er fechten einen wilden Kampf miteinander aus, jeder mit einem Schwert bewaffnet. Da geht es nicht zimperlich zu. Die Schwerter krachen nur so aufeinander. Wilde Schreie stoßen sie dabei aus.

Aber fair bleibt der Kampf, wenn sie auch ab und zu einen Hieb einstecken müssen.

Und Max kann kämpfen! Seine Augen leuchten. Seine Backen werden ganz rot. Er hat Mut und Geschick. Der Onkel kommt ganz schön aus der Puste. Einmal schreit er laut auf – das Schwert hat ihn an der Hand getroffen. Und ein anderes Mal ist er doch glatt zu Boden gegangen.

Max lernt es im Laufe der Zeit, immer geschickter auf Angriffe zu antworten und einen Kampf zu führen, ohne die Schwäche des Gegners unfair auszunutzen. Wie die edlen Ritter in alten Zeiten.

„Jetzt schlage ich dich zum silbernen Ritter!", sagt Onkel Karl eines Tages und klopft ihm mit dem Schwert auf die Schulter. „Und das ist die höchste Auszeichnung."

Inzwischen ist ein ganzes Jahr vergangen.

Es hört sich unwahrscheinlich an, aber ihr könnt es mir glauben, denn es ist eine wahre Geschichte: Onkel Karl braucht sich um Max nun längst nicht mehr zu kümmern. Der hat auch gar keine Zeit mehr für ihn. Ab und zu kommt er noch aus alter Gewohnheit, kämpft mal mit ihm, macht mal Feuer, boxt ein wenig mit Onkel Karls Boxhandschuhen, aber es fehlt dieses Leuchten dabei in seinen Augen.

Denn Max hat Wichtigeres vor. Er braucht dabei seine neuen ritterlichen Eigenschaften sehr. Max ist nämlich zum Schulsprecher gewählt worden und muss sich für die Kinder einsetzen, die sich ungerecht behandelt fühlen.

Und auch bei den Pfadfindern brauchen sie ihn mit seinen Ideen und seiner Kraft und seiner Geschicklichkeit beim Zeltbauen, Holzhacken und Lagerfeuermachen.

So hat Max also seinen Traum in die Wirklichkeit gebracht, nämlich mit seinem Wutgeist in Freundschaft zu leben.

Und Onkel Karl? Dem hat Max neulich den frechen Anton geschickt, und seitdem brennen dort wieder herrliche Feuerchen im Garten.

Wenn Kan-No-Mushi
aufwacht

Es gab kaum zwei Freundinnen in der Klasse, die
so verschieden waren wie Kati und Yoshimi.
Kati war ein blauäugiges deutsches Mädchen. Ihr
blondes Haar stand lustig in widerspenstigen
Locken nach allen Seiten ab.
Yoshimi, eine kleine Japanerin, hatte schwarzes
glattes Haar und dunkle schräge Augen. Sie war
ein stilles, blasses Kind, spielte gern Klavier und
faltete aus Papier hübsche Tiere, Blumen und
Laternen. Meistens lächelte Yoshimi freundlich.
Nie schrie sie laut. Sie hatte eine Puppe mit blon-
dem Haar. Die hieß Brezel.
Kati hatte eine Puppe mit scharzem Haar. Sie hieß
Sushi.
Kati war gar nicht still. Sie konnte ganz schnell
ganz doll aufbrausen. Das passierte immer dann,
wenn ihr etwas nicht gelang oder etwas nicht
gefiel, oder wenn jemand sie nur blöd ansah.
Manchmal brauchte sie auch nur ein bisschen zu
stolpern. Die Wut fiel dann über sie her und färbte

ihr Gesicht knallrot. Die Augen glitzerten dann ganz dunkel. Sie musste dann heulen, kreischen und schimpfen und mit dem Fuß aufstampfen. Wenn Yoshimi etwas nicht gefiel, sagte sie es – ganz ohne zu schreien. Sie hatte sich immer in der Hand.

Kati tobte gern im Freien herum und beim Essen schmierte sie, während Yoshimi sich lieber im Zimmer beschäftigte und bei Tisch zierlich mit ihren Stäbchen aß, ohne dass ein einziges Reiskörnchen danebenfiel.

Aber gerade weil sie so unterschiedlich waren, fühlten sich die beiden zueinander hingezogen wie zwei Magnete, wenn die passenden Seiten zueinander kommen. Ja, Yoshimi mochte Kati, und Kati mochte Yoshimi. Sie waren die besten Freundinnen und verbrachten viel Zeit miteinander.

Yoshimi tobte Kati zuliebe mit ihr auf dem Spielplatz herum und Kati faltete Yoshimi zuliebe Flamingos und hübsche Fächer.

Ein bisschen färbte Katis Art auf Yoshimi ab, denn sie wurde lustiger und bekam rote Backen, und Yoshimis Art färbte auf Kati ab; jedenfalls hatte sie sich bei Yoshimi und ihrer Familie noch nie daneben benommen!

Nur einmal passierte es doch und dann gleich ziemlich heftig. An diesem Tag hatte Kati sich bereits in der Schule über alles Mögliche geärgert. Zu Hause hatte sie wütend ein Schulheft zerknüllt, denn sie konnte die Aufgabe nicht. Und dann hatte sie den Dackel getreten, nur weil er ihr gerade in die Quere kam.

Nun spielten Kati und Yoshimi ein Brettspiel mit Yoshimis Mutter und dem kleinen Bruder Yuriko. Go hieß das Spiel. Es ging darum, die Mitspieler durch Spielplättchen möglichst einzukreisen. Kati merkte voller Ärger, dass sie dabei war zu verlieren, und schließlich war sie wirklich eingekesselt. Yuriko hatte ihr mit seinem Spielstein den Weg versperrt. Er lachte.

Da kam die Wut wieder über Kati. Ihre Backen wurden knallrot, die Augen funkelten, und ihre Hände griffen das Go-Brett mit sämtlichen Spielsteinen und pfefferten es heftig vom Tisch – so heftig, dass es dem kleinen Yuriko an den Kopf flog. Dabei fluchte Kati und keifte, und Yuriko hielt sich weinend den Kopf. Dort wuchs eine dicke Beule.

Die Mutter tröstete ihn, während Yoshimi etwas erstarrt dasaß.

Katis Wut hatte sich nach diesem Ausbruch schnell gelegt. Es war ihr sehr peinlich, was sie da angerichtet hatte. Yoshimi würde sie jetzt sicher nicht mehr mögen. Verlegen begann sie die Spielsteine zusammenzusuchen.

Da sagte Yoshimis Mutter lächelnd zu ihr: „Kati, das war Kan-No-Mushi!"*

Da lächelte Yoshimi, und Yuriko lächelte auch durch seine Tränen hindurch.

Nur Kati kam sich saudumm vor. Was war denn das schon wieder: Kan-No-Mushi? „Was soll das sein?", fragte sie verdutzt.

„Erklär es ihr, Yoshimi", sagte die Mutter.

Und Yoshimi fing an: „Also, wenn bei uns in Japan Kinder wütend werden oder dummes Zeug machen, erklären die Eltern ihnen das so: In jedem Menschen lebt ein Kan-No-Mushi, das ist eine Art Wurm."

---

*Siehe Literaturliste Seite 93.

„Igitt!" Kati schüttelte sich. „Bei mir aber nicht!"

„Doch, bei jedem Menschen. Der Kan-No-Mushi kann ganz klein und lieb sein und schlafen, wenn du ihn richtig behandelst. Er kann aber auch ein sehr ärgerlicher Wurm werden. Dann kriegst du so einen Wutanfall wie eben." Kati sah sehr skeptisch aus und schaute Yoshimis Mutter fragend an.

„Ja, Yoshimi hat es gut erklärt", sagte diese lächelnd.

„Vielleicht möchtest du ja mit deinem Kan-No-Mushi Frieden schließen, damit er wieder einschläft?"

Kati überlegte, ob sie das alles glauben sollte.

Eins stimmte aber: Es hatte sich wirklich so angefühlt eben, als sei etwas wild geworden in ihr, und auch als sie ihr Heft zerknüllt und den Dackel getreten hatte und bei der Ohrfeige neulich, die sie ihrem Bruder geknallt hatte. Aber ein Wurm?!

Ein Lindwurm vielleicht eher, so einer aus dem Sagenbuch, der Feuer spuckte.

Yoshimi und ihre Mutter schauten sie so freundlich an!

Ein Glück, dass dieser komische Wurm an allem schuld war, nicht sie, dachte Kati. Dann würden die drei ihr ja auch sicher nicht böse sein. Endlich war sie mal nicht die Schlimme!

„Also", fragte Yoshimi nochmal, „willst du mit Kan-No-Mushi Frieden schließen? Dann hättest du viel weniger Ärger – mit der Lehrerin und mit deinem Bruder und überhaupt."

„Naja, aber wie soll ich das bloß machen? Ich kenn mich nicht aus mit solchen Lindwürmern."

„Yuriko hatte auch einen wilden Kan-No-Mushi früher und auch jetzt noch manchmal. Er kann ihn am besten zum Schlafen bringen, wenn er viel Karate trainiert." „Dann wird der Kan-No-Mushi nämlich ganz schlapp!", rief Yuriko, der sich immer noch seine Beule rieb.

„Und ich beruhige den Kan-No-Mushi am besten, wenn ich meine Lieblingsmusik höre", sagte Yoshimi lächelnd, „und wenn ich mir von meiner Mutter den Rücken kraulen lasse."

Kati dachte wieder nach. Soviel hatte sie lange nicht nachgedacht. Gab es etwas, das ihr schon mal geholfen hatte, wenn dieser komische Lindwurm in ihr Feuer speien wollte?

Plötzlich wusste sie es: „Ich glaube, ich werde tanzen!" Alle nickten ihr aufmunternd zu.

„Aber wird dieser Kan-No-Mushi davon nicht erst recht wach?" Yoshimis Mutter lächelte. „Doch, aber er tanzt gern. Und ein tanzender Wurm ist besser als ein wütender."

Das leuchtete Kati ein.

Dann kamen aber neue Bedenken: „Und wenn es im Unterricht passiert? Da kann ich ja schlecht tanzen."

Yoshimi lächelte wieder. „Dann kannst du Kan-No-Mushi leise zuflüstern, dass es jetzt gerade nicht geht, dass du aber bald mit ihm tanzen wirst."

Kati lächelte zufrieden und lief hüpfend nach Hause. Sie wusste ja jetzt, was sie tun konnte. Und wenn es mal nicht so gut klappen sollte, würde sie sich von Yoshimi wieder einen guten Tipp holen.

Frau Wut
und Herr Zorn

Es war einmal eine Frau. Sie hieß Frau Wut. Ihre Stimme war laut und kreischend wie eine Säge. Das feuerrote Haar stand wild auf ihrem Kopf. Frau Wut hatte ganz dunkle Augen und einen verzerrten Mund. Am liebsten trug sie rote Kleider, und wenn sie ging, wackelte der Boden. Sie stampfte wie ein Elefant.

Und wisst ihr, in wen sie sich verliebte? In Herrn Zorn! Sie liebte seinen feurigen Blick, die erhitzten Wangen und die steilen Falten auf seiner Stirn. Am meisten imponierte ihr, wenn er beim Schimpfen mit seinem ausgestreckten Zeigefinger in die Luft stach.

Wenn die beiden Verliebten sich trafen, war vielleicht was los, das kann ich euch sagen. Trafen sie sich im Park, suchten alle Besucher schnell das Weite, denn die Lautstärke war nicht auszuhalten. Und besuchten sie sich zu Hause, stießen die Nachbarn mit Besenstielen gegen die Decke oder klingelten und riefen an. Einmal holten sie sogar die Polizei, so wild hörte sich das Gekreische und Gestampfe und Geschimpfe an. Herr Zorn und Frau Wut verstanden das gar nicht. Sie kannten es so und mochten es so. Und wenn es mal gar nichts zu schimpfen gab, was sehr selten vorkam, gähnten sie vor Langeweile.

Eines Tages bekam Frau Wut Zwillinge. Sie nannten die beiden Jungen Zank und Streit.

Die Kinder wurden gleich an die Geräusche einer Wut-Zorn-Familie gewöhnt. Da es immer laut war, mussten sie umso lauter brüllen, um sich Gehör zu verschaffen. Und so kam zu dem normalen Gekreische und Gezeter das immer lautere Brüllen von Zank und Streit hinzu. Ihr könnt euch das Spektakel vorstellen.

Die Nachbarn beklagten sich, klingelten an der Tür, riefen an und holten die Polizei. Dies fanden Frau Wut und Herr Zorn immer besonders schick. Sie mochten es, wenn was los war. Frau Wut lachte dann dröhnend und rief: „Genauso war es bei uns zu Hause auch immer!" Und Herr Zorn brüllte: „Bei uns auch, Schatz, bei uns auch!"

Zank und Streit hatten kaum laufen gelernt, da kloppten sie sich schon und machten sich gegenseitig die Spielsachen kaputt. Sie spielten am liebsten, sie seien Löwen, Haie und Krokodile, die sich gegenseitig auffraßen. Das war vielleicht ein Getöse und Gekreische und Gebrülle. „Wie gemütlich!", sagte dann Frau Wut zu Herrn Zorn. Der nickte, stieß aber dabei drohend mit dem Zeigefinger in die Luft, damit es bloß nicht zu friedlich würde.

Lange Zeit ging das so, und die ganze Familie fühlte sich prächtig bei diesem Krach.

Bis Streit sich eines Tages verliebte... Und er verliebte sich ausgerechnet in das friedlichste, netteste Mädchen der ganzen Schule. Sie hieß Frieda. Vielleicht weil sie so friedlich war.

Frieda erschrak tief, als sie merkte, dass Streit sich für sie interessierte, denn sie mochte ihn sehr. Aber sie sah ja täglich, wie er sich raufte und balgte, wie er boxte und prügelte, und sie fürchtete sich vor seiner lauten Stimme, die vom vielen Brüllen schon ganz heiser geworden war. Und vor seinem finsteren Gesicht fürchtete sie sich auch. Darum ging sie ihm möglichst aus dem Weg.

Eines Tages war es aber soweit. Sie trafen sich auf dem Pausenhof. Mit herrischer Stimme gab Streit bekannt, dass er mit ihr zum Schlittschuh-Laufen gehen wolle. Frieda, die Friedliche, bebte vor Schreck. Weil sie aber so besonders lieb war, konnte sie nicht nein sagen.

Ihr müsst wissen, in Friedas Familie war es genau umgekehrt wie bei der von Streit und Zank. Ihre Mutter hieß Frau Lieb und ihr Vater Herr Nett.

Bei ihnen ging es sehr leise zu. Jeder ging auf Zehenspitzen, um den anderen ja nicht zu stören. Man las sich gegenseitig die Wünsche von den Augen ab und erfüllte sie auf der Stelle. Oft hatte jemand den Wunsch falsch erraten. Da das aber keiner von ihnen sagte, glaubte jeder, er tue dem anderen einen Gefallen. Da keiner dem anderen wehtun wollte, tat man sich oftmals einen Gefallen, der gar keiner war.

Frau Lieb zog z. B. oft ihrem Mann zuliebe ihr blaues Wollkleid mit dem weißen Kragen an, obgleich es kratzte und piekte. Dabei mochte er absolut keine blauen Kleider und erst recht keine weißen Kragen. Trotzdem sagte er jedesmal: „Wie hübsch du in diesem Kleid aussiehst!" Da zog sie es ihm zuliebe noch viel öfter an.

Herr Nett glaubte, dass seine Frau besonders gern Lebkuchen aß. Täglich brachte er ihr also Lebkuchen mit. Jedesmal bedankte sich Frau Lieb mit einem reizenden Lächeln, dabei wurde ihr von Lebkuchen regelmäßig schlecht. Aber sie wollte ihn doch nicht enttäuschen und ließ ihn weiter in dem Glauben. Heimlich fütterte sie Pluto, den Nachbarshund, damit.

Frieda war also nur liebe, leise Töne gewöhnt und da sie nicht gelernt hatte, nein zu sagen, rannte sie, als Streit sie auf seine ruppige Art zum Schlittschuh-Laufen einlud, stattdessen einfach weg.

Streit wurde wild vor Enttäuschung. Er fuchtelte mit den Armen und schrie: „Warte!" Aber Frieda war schon auf und davon. Streit war außer sich. „Diese Ziege!", rief er. Das war für ihn der höchste Ausdruck von enttäuschter Liebe. Dann dachte er nach. Er dachte sogar sehr nach und war eine ganze Weile seltsam ruhig.

Der Lehrer Herr Schlichter kam gerade vorbei und hatte alles gesehen und gehört. „Gegensätze ziehen sich an!", sagte er schmunzelnd vor sich hin.

Da sah er, dass Streit so ein ungewohnt nachdenkliches Gesicht machte und sprach ihn an. „Hast du 'ne Frage?" Ja, Streit hatte eine Frage: „Warum rennt sie vor mir weg, die Zicke?" Der Lehrer Herr Schlichter sah Streit an, dass er es wirklich nicht wusste und redete lange mit ihm. Streit hörte sogar zu, denn er war sehr verliebt und wollte unbedingt mit Frieda zur Eisbahn.

Zu Hause dachten Frau Wut und Herr Zorn, Streit sei ernsthaft krank, denn er war schrecklich still und schimpfte und tobte gar nicht. Sie fragten und polterten und regten sich auf und schleppten Fieberthermometer und Zäpfchen herbei. Frau Wut wollte schon den Notarzt holen. Da sagte Streit leise zu Zank: „Erklär du es ihnen!"

Als sie hörten, dass Streit sich in das liebste und friedlichste Kind der Schule verliebt hatte, fingen sie erst recht an zu lärmen. Erst lachten sie schallend und schlugen sich auf die Schenkel. Dann begannen sie sich gegenseitig Vorwürfe zu machen, dass ihr Junge so aus der Art geschlagen war. Frau Wut schrie, und Herr Zorn stocherte mit dem Finger in der Luft herum.

Aber wenn man verliebt ist, ist man verliebt, und da können alle Eltern der Welt überhaupt nichts dran ändern.

Streit veränderte sich auf wundersame Weise. Er mochte den Krach und das Gezanke zu Hause plötzlich gar nicht mehr, setzte sich Kopfhörer auf oder ging nach draußen, wenn es zu doll wurde. Er trug nur noch seine Lieblingspullis und kämmte sich morgens freiwillig die Haare. Er prügelte sich auch überhaupt nicht mehr in der Schule.

Sein Bruder Zank fand das ätzend. So einen langweiligen Zwillingsbruder! Mit dem war ja gar nichts mehr anzufangen!

Frieda, der Friedlichen, war Streits Veränderung natürlich auch nicht entgangen. Sie sehnte sich langsam direkt danach, dass er das mit der Eisbahn noch einmal sagen würde. Und als es ihr zu lange dauerte, fragte sie ihn einfach.

Und so sah der Lehrer Herr Schlichter, wie die beiden am nächsten Tag einträchtig mit den Schlittschuhen über der Schulter zur Eisbahn gingen. Verschmitzt blinzelte er Streit zu. Aber der hatte nur Augen für Frieda.

Nicht nur mit Streit, auch mit Frieda ging jetzt langsam eine Veränderung vor sich. Herr Nett und Frau Lieb bemerkten mit großer Sorge, dass ihre friedliche Frieda aufmüpfig wurde. Sie sagte nein, wenn sie nein meinte, und ja, wenn sie ja meinte. Eines Tages sagte sie zum Entsetzen ihrer Mutter: „Papa, bring Mama bloß keine Lebkuchen mehr mit, dem Pluto bekommen die überhaupt nicht!" Und zu ihrer Mutter sagte sie: „Das blaue Kleid steht dir gar nicht, das rote steht dir viel besser." Das schlug in dieses friedliche Heim natürlich wie eine Bombe ein.

Als der besorgte Herr Nett mit seiner Frau Lieb zum Lehrer Herrn Schlichter kam, um ihm ihre Beobachtungen mitzuteilen, begrüßte der sie mit strahlendem Lächeln und gratulierte ihnen zu ihrer wunderbaren Tochter. „Jetzt hat sie endlich auch gelernt, nein zu sagen und sich durchzusetzen!", sagte er. „Und das haben wir ihrem Freund Streit zu verdanken." Da lächelten Herr Nett und Frau Lieb freundlich.

Auf dem Nachhauseweg hatten sie den ersten kleinen Krach nach zwölf Ehejahren. Frau Lieb sagte nämlich: „Und Frieda hat Recht, das blaue Kleid steht mir überhaupt nicht, ich zieh es nie wieder an!" Und Herr Nett seufzte: „Ein Glück, ich mochte es nie!"

Zündstoff-Benny

Ich will euch von Zündstoff-Benny erzählen.
Benny ist ein dünner Junge mit schmalen, geschickten Händen. Im blassen, ernsten Gesicht
trägt er eine runde Brille, wenn sie nicht gerade
zerbrochen oder verloren ist.
Warum heißt er denn Zündstoff-Benny, möchtet
ihr sicher wissen. Naja, ihr kennt das ja alle vom
Schulhof. Da gibt es doch immer Kinder – ihr
gehört natürlich nicht zu denen – die immer für
Zündstoff sorgen, die anderen unvermutet ein Bein
stellen, die in der Stunde die tollsten Ideen haben,
nur nicht zu dem, was der Lehrer gerade erzählt –
die an gewissen Orten zündeln, die ständig zum
Schulleiter müssen und Briefe an die Eltern mitbe-
kommen. Ja, Benny ist einer von denen. Und wenn
jemand ihn schnappt, ist er es nie gewesen.
Benny lügt eigentlich nicht, wenn er das behauptet.
Ich weiß das, weil er mir mal alles anvertraut hat.
Das Geheimnis, das er mir verriet, war nämlich
folgendes: Seit einiger Zeit habe ihn ein Zündstoffgeist unter seiner Gewalt.

Benny hatte sich schon lange etwas einsam gefühlt, und gelangweilt hatte er sich, obgleich es
genug Lärm gab zu Hause. Kori, der Papagei und
Flippi, der Zwergpinscher, sorgten dafür und seine
temperamentvolle Mutter auch, die von morgens
bis abends redete, schimpfte und klagte. Ständig
hatte sie etwas auszusetzen an ihm, was immer er
auch tat. Ihr Lieblingssatz war: „Du machst mich
noch ganz krank, ich habe schon genug Sorgen."
Was das für Sorgen waren, konnte er nicht so recht
verstehen.

Also langweilig war es bei denen nicht zu Hause,
aber ziemlich traurig, und Benny hatte bestimmt
tief drinnen das Gefühl, dass ihn keiner liebte. Es
kann aber auch sein, dass er das selber gar nicht
wusste.

In dieser Zeit hörte Benny eines Tages eine Stimme in seinem Bauch, eine wispernde, züngelnde
Stimme: „Zwick es mal, das Hündchen!", oder:
„Ein Feuerchen machen, das wär jetzt das Richtige!"

Viel Ärger erregte die Zündstoffstimme mit ihren
Vorschlägen. Denn Benny zündelte und zwickte
und störte und ärgerte. Er war ständig in Bewegung und sah immer aus, als führe er etwas im
Schilde. Ständig puffte er jemandem in die Rip-
pen, als könne irgend etwas in seinem dünnen
Körper um keinen Preis still sein. Auch seine
Augen waren immer in Bewegung und nahmen
alles auf, was um ihn herum geschah.

Die Kinder, die seine Streiche früher witzig gefunden hatten, machten jetzt einen Bogen um ihn.
Keiner wählte ihn in seine Fußballmannschaft.
Niemals wurde er zum Geburtstag eingeladen. Nur
den Allerkleinsten konnte er noch imponieren.

Benny fühlte sich aber trotzdem jetzt nicht mehr so einsam und traurig wie früher. Er fühlte sich wichtiger und erwärmt durch das Spiel mit dem Feuer und auch durch den Ärger, den er verursachte. Vielleicht spürte er sich jetzt überhaupt erst richtig.

Es gab mittlerweile viele Menschen, die sich auf ihre Art für ihn interessierten und sich Gedanken über ihn machten. Die einen glaubten, seine Nerven seien krank, und ließen ihn eine spezielle Gymnastik dagegen machen, die anderen verordneten ihm Reitstunden, damit er ruhiger würde. Dabei mochte Benny gar keine Gymnastik und erst recht keine Pferde.

Dauernd wurde er mit dem Auto in der Stadt herumgefahren. Viel lieber hätte er zu Hause gespielt.

Seine Eltern holten sich Rat bei vielen Experten. Bei einer Ärztin machte er eine Spieltherapie. Fachleute testeten ihn und zwangen ihn zu strengen Diäten. Ein Psychologe beobachtete ihn in der Schule, und die Lehrer gaben sich große Mühe, ihm gerecht zu werden. Schließlich fand man noch einen Arzt, der ihm Beruhigungsmittel gab.

Und der Zündstoffgeist schlug sich auf seinen Geisterbauch, und Benny dachte bei sich: Dieser Zündstoffgeist und die Erwachsenen werden es schon richten.

Und die Erwachsenen richteten es. Und Benny zündelte und ärgerte und störte.

Eines Tages aber war seine Lehrerin so erschöpft und verzweifelt, dass sie aufgab. Benny musste auf eine andere Schule.

Hier fand er wieder geduldige Menschen. Weiter nahm er seine Beruhigungsmittel, aß seine Diät, ging zur Therapie. Aber der Zündstoffgeist hatte weiter Macht über ihn und lachte sich in sein Geisterfäustchen. Und Benny störte und zündelte und zwickte. Nichts, was man sich für ihn ausdachte, half.

Manchmal hatte Benny nun Momente, in denen er das ganze Theater satt hatte und selber gern seine Ruhe gehabt hätte. Das Zündeln war ihm ab und zu richtig langweilig, und die ewigen Ermahnungen kannte er alle. Er merkte auch, dass ihn die anderen Kinder mieden. Doch, wie sollte er aufhören? Und was hatte er denn stattdessen? Wäre er dann überhaupt noch wichtig? War dies nicht besser und aufregender als gar nichts? Ohne Ärger konnte er sich sein Leben nicht mehr vorstellen.

Und die Erwachsenen hielten weiter ihre wichtigen Konferenzen ab und beratschlagten miteinander. Und sie runzelten die Stirnen und hatten weiter Geduld.

Wer als Erster die Idee hatte, weiß ich nicht mehr. Jedenfalls beschlossen die Erwachsenen eines Tages, nichts mehr zu tun, da ja doch alles nicht half. Die Reitstunden hörten auf, man setzte die Diät ab, die Gymnastik, die Therapie, das Beruhigungsmittel. Die Lehrer gaben ihm eine letzte Gelegenheit, sich zu ändern „bis zu den nächsten Ferien", sonst würde er von der Schule fliegen. Die Eltern sagten Benny, er müsse ins Heim, wenn es nicht besser würde mit ihm.

Das klang sehr ernst. Und Benny erschrak.

In Bennys Familie war es plötzlich anders als früher. Die Mutter brauchte nichts Besonderes mehr für ihn zu kochen, ihn nirgendwohin zu fahren und nicht mehr an Schulkonferenzen teilzunehmen. Sie hatte plötzlich viel mehr Zeit, jammerte nicht mehr und klagte nicht mehr.

Alle kamen etwas zur Ruhe und seltsamerweise auch Benny. Ja, die Ruhe strahlte auf ihn aus, und es schien ihm, als schauten die Eltern ihn auch viel netter an als früher.

In dieser Ruhe konnte er plötzlich in sich eine andere Stimme hören: „Es hängt jetzt nur noch von dir ab. Auf dich kommt es jetzt an!"

Leider kann ich euch nun nicht erzählen, wie die Sache weitergegangen ist. Denn solche Dinge brauchen Zeit.

Vielleicht muss Benny auch diese Schule verlassen, vielleicht kommt er von zu Hause fort.

Vielleicht entschließt sich Benny aber auch, alle Erwachsenen zu verblüffen, und nicht mehr auf dieses Zündstoffgeist-Geflüster in seinem Bauch zu hören. Wer weiß?! Kinder können ja meistens viel mehr, als die Erwachsenen denken, wenn man es ihnen nur zutraut. Und vor allem, wenn sie merken, dass man sie lieb hat, auch wenn sie mal dummes Zeug machen.

Das rote
Teufelchen

„Hey, Sven, kommst du mit, Schwester Rhabarber
ärgern?" Eigentlich hieß sie Schwester Rabana,
aber alle Kinder im Kinderheim nannten sie Rhabarber. „Nee, weiß nicht." Sven rekelt sich auf seinem Bett. „Komm doch, ich hab 'ne tolle Idee!"
„Was denn für 'ne Idee?" „Verrat ich erst, wenn du
mitmachst. Los!"
Jan steht vor Svens Bett: braunes Wuschelhaar,
dunkle, lustige Augen, etwas abstehende Ohren.
Auf seinem T-Shirt die Back-Street-Boys. „Warum
willst du sie denn ärgern? Die ist doch ganz nett."
Da werden die braunen Augen schmal. „Du bist
ein Feigling!" Er tritt gegen das Bett, dann gegen
den Stuhl, der mit lautem Getöse umkippt. „Dann
mach ich's eben alleine, du Blödmann!"
Verächtlichen Blickes dreht Jan sich weg.
Da sieht er durchs Fenster, wie Schwester Rabana
gerade über den Hof geht, diese schreckliche
Schwester, die ihn ständig nur anmeckert. Vom
Fenster aus kann er sie genau beobachten. Wie er

sie hasst! Jetzt oder nie! Leise schleicht er sich nach unten. Dort hat Schwester Rabana ihr Arbeitszimmer. Ist die Luft auch rein? Vorsichtig schaut er sich nach allen Seiten um. Dann wirft er die Stinkbombe in ihr Zimmer.

Als Schwester Rabana nach der Abendandacht in ihr Zimmer geht, wird sie blass. Es empfängt sie ein Gestank, als sei der leibhaftige Oberteufel direkt aus der Hölle bei ihr eingekehrt.

Jan ist an diesem Abend bester Stimmung. Er prügelt sich nicht wie sonst, schreit nicht rum, macht sogar seine Schularbeiten freiwillig, und den Sven kneift er nur ein ganz klein wenig, als der ihm in die Quere kommt.

Abends im Bett tauchen aber wie so oft die traurigen Gedanken in ihm auf. Er möchte nicht hier bei dieser Rabana sein.

Die dicke Schwester Hildegardis aus der anderen Gruppe, die ist ja in Ordnung. Die spielt sogar Fußball. Neulich hat sie drei Tore geschossen! Und Gitarre spielen kann die. Aber bei Rabana will er nicht bleiben. Sie mag ihn einfach nicht. Er passt hier nicht hin.

Wenn er doch zu seinen Eltern könnte! Vielleicht würde sich Papa ja ändern, wenn er bei ihm wäre. Neulich war der ja mal hier mit einer Pennerin, seiner neuen Freundin. Aber sie waren beide betrunken. Da kann er wohl doch nicht hin. Und seine Mutter? Nein, die kennt er ja kaum. Die kommt ihn nie besuchen.

Jan hängt weiter seinen Gedanken nach. Vielleicht müsste er noch mehr Unsinn machen, vielleicht flöge er dann aus dem Heim, und er würde von ganz netten Leuten adoptiert, die ihn gern hätten. Das ist immer sein liebster Traum: Eine Familie mit vielen Kindern sieht er dann vor sich, und er ist einer von ihnen. Sie haben Hunde und Katzen und Hühner. Er füttert die Kühe und streichelt das Pferd. Und die Bäume rund herum blühen, und sie toben herum...

Da ist Jan eingeschlafen.

Beim nächsten Mittagessen schaut ihn Schwester Rabana etwas prüfend an, sagt aber nichts. Zu Sven ist sie sehr nett. Da vergeht Jan der Appetit. Den mag sie, diesen Feigling!

„Was habt ihr denn für'n Mist gekocht heute! Das ess ich nicht!" Er schubst seinen Teller so heftig von sich, dass er Schwester Rabana von oben bis unten mit Gemüsesuppe bekleckert. Sie packt ihn am Kragen und schüttelt ihn wütend. „Was fällt dir schon wieder ein! Geh auf dein Zimmer!" Da tritt er sie gegen's Schienbein und trifft es auch trotz der vielen Röcke. Schwester Rabana schreit auf vor Schmerz: „Verschwinde!"

Jan rennt zu seinem Bett und sinnt auf Rache. Ganz laut stellt er die Kassette mit den Back-Street-Boys an. So laut, dass man nicht hören kann, was er alles Böses vor sich hin schimpft.

Nach dem Essen muss Jan zu einem Gespräch mit mehreren Erziehern. Sie reden und reden und reden. Aber an Jans Ohr zieht das alles vorbei. „Ich will hier weg!", denkt er nur immer. „Ich will hier weg! Aber vorher..." Da sieht man ihn plötzlich boshaft lächeln.

An diesem Nachmittag findet Schwester Rabana ein bunt gemaltes Kinderbild an ihrer Tür. Auf dem Bild sieht man einen roten Teufel. Er grinst und droht mit der Forke. „Alte Zicke!" steht darunter.

Beim Abendbrot ist Jans Platz leer. Sein Rucksack fehlt und sein Rekorder. Jan ist abgehauen. Als man ihn schließlich in der Nacht unten am Fluss bei den Pennern findet, weigert er sich, mit zurückzukommen. Er wehrt sich mit Händen und Füßen. Also bringt man ihn in ein Übergangsheim, in dem Kinder solange wohnen können, bis man eine geeignete Unterkunft für sie gefunden hat.

Nun müssen sich die Erwachsenen etwas für Jan ausdenken. Und sie haben geredet und geredet in vielen Konferenzen mit vielen Experten. Sie überlegten hin und her, was für diesen Jungen das Beste wäre. Und sie redeten und redeten und redeten.

Bis schließlich einer von ihnen, der noch gar nicht geredet hatte, leise sagte: „Warum fragen wir eigentlich nicht Jan selber, was er braucht?"

Als Jan den Raum betrat, in dem die vielen Erwachsenen darüber nachdachten, was für ihn das Beste sei, erwartete er rein gar nichts. Er dachte nur: „Lass die nur quatschen. Es bringt ja doch nichts."

Aber da fragte einer: „Jan, wenn du zaubern könntest, wohin würdest du dich zaubern?" Jan war plötzlich hellwach und zögerte nicht lange: „Auf'n Bauernhof", war seine klare Antwort.

Und stellt euch vor, es hat wirklich geklappt! Jans liebster Traum ging in Erfüllung: Er kam zu einer Familie mit vielen Kindern, einem Hund, vielen Katzen, Hühnern, Kühen und Pferden. Und Jans Augen wurden wieder lustig, und er musste sich überhaupt nicht mehr prügeln.

Als Jan schon ein halbes Jahr in seiner neuen Familie war, kam eines Tages der Postbote mit einem Brief von Schwester Rabana. „Lieber Jan, wenn ich manchmal ungerecht zu Dir gewesen sein sollte, tut es mir sehr leid. Auch Erwachsene, sogar Nonnen, sind eben nicht immer perfekt."

Jan nickte befriedigt. Dann lief er zu den anderen.

Die Mütze

Lea hatte sich die Mütze von ihrem Taschengeld gekauft, eine blaue Mütze mit einem roten Panther drauf.

Ich glaube, sie setzte sie nur nachts ab, wenn überhaupt.

Jedenfalls sah man Lea nie mehr ohne diese Kopfbedeckung. Selbst im Unterricht wurde das schließlich geduldet. Denn mit Lea wollte sich niemand anlegen, selbst die Lehrer nicht. Lea hatte nämlich in letzter Zeit einen wunden Punkt: Sie war sehr empfindlich und konnte schnell fuchsteufelswild werden. Besonders, wenn jemand sie kritisierte. Aber auch, wenn jemand sie nur ansprach oder gar versuchte, unter ihre Kappe zu linsen, musste er es sogleich büßen. Lea schlug um sich und keifte. Zweimal hatte sie sogar zugebissen.

Einen großen Vorteil hatte die Mütze übrigens für alle: Sie war das reinste Barometer (das sind diese Geräte, die einem voraussagen, ob Sturm kommt oder ob es schön wird.) Trug Lea die Mütze mit dem Schirm nach vorn und konnte man ihr Ge-

sicht nicht sehen, so hieß das: Lass mich in Ruhe!
Lea war dann abgetaucht. Es konnte die Ruhe vor
dem Sturm sein.
Saß der Schirm im Nacken, sah Lea sehr unterneh-
mungslustig aus. Dann konnte man aufatmen. Sie
war guter Dinge – solange diese „Schönwetterpe-
riode" eben dauerte.
An besonders guten Tagen saß die Mütze mit
hochgeklapptem Schirm schräg und lustig auf
Leas Kopf. Aber das war sehr selten und wurde
immer seltener.
Die komische alte Sofie von nebenan hatte sich
das schon eine ganze Weile angesehen.
Früher war Lea oft zu ihr zu Besuch gekommen
und hatte mit dem Hund Kasimir gespielt oder im
Schrebergarten bei der Apfelernte geholfen.
Aber jetzt kam sie nie mehr, und wenn sie sich auf
der Treppe trafen, sah Sofie nur die Mütze, nie
Leas Gesicht.
„Da ist doch was faul", sagte sie zu Kasimir.
Besonders, als sie eines Tages durch die Wand den
lauten Streit hörte und das Gepolter.
„Das hört sich gar nicht gut an, Kasimir!", mur-
melte sie und schüttelte besorgt den Kopf.
Dann ging sie in den Garten, holte einen Korb mit
Äpfeln und stellte ihn vor Leas Tür.
Am Abend war der Korb weg.
Aber sonst änderte sich wenig. Sofie hörte wieder
heftige Stimmen durch die Wand. Es ging ihr
durch Mark und Bein. „Kasimir", sagte sie, „wir
müssen was tun!"
Sie setzte sich hin und schrieb einen Brief; den
warf sie in Leas Briefkasten. Der Briefkasten-
deckel klappte. Lea hörte es gleich. Auf dem
Umschlag stand ihr Name!

„Liebe Lea", las sie, „Kasimir und ich vermissen Dich so, und ich brauchte auch jemanden zum Äpfelernten. Kannst Du morgen nach der Schule kommen? Ich habe auch noch Pflaumenkuchen. Deine Sofie."

Lea freute sich zum ersten Mal seit vielen Wochen wieder. Sie freute sich auf Kasimir, auf die komische alte Sofie und auf den Pflaumenkuchen.

Sie schob den Schirm ihrer Mütze nach hinten, beschrieb einen Zettel und warf ihn bei Sofie ein: „Ich komme. Lea."

Daneben malte sie einen Hundekopf.

Sofie freute sich auch. „Das läuft doch schon ganz gut, Kasimir!", sagte sie.

Kasimir war eine gute Hilfe. Er wedelte im Garten um Lea herum, brachte Stöckchen und stubste sie mit seiner kalten Nase, so dass Lea laut lachen musste.

Ihre Mütze saß den ganzen Nachmittag schräg und hochgeklappt.

Aber als Lea sich einmal wieder zu Kasimir bückte, um ihm das Stöckchen zu geben, rutschte ihr die Kappe vom Kopf und schnapp – hatte der Hund sie zwischen seinen Zähnen.

Da kam aber Leben in die alte Sofie! Blitzschnell packte sie den Hund am Nackenfell und schüttelte ihn kräftig.

Kasimir jaulte und ließ seine Beute fallen.

„So eine schöne Mütze! Und so nützlich!" Die alte Sofie wischte an der Kappe herum. „So nützlich: gegen den Regen, gegen die Sonne und wenn man sich verstecken will. Zum Beispiel, wenn man traurig ist."

Lea nickte, als sie die Mütze wieder in Empfang nahm.

„Und wenn man sich schämt", fügte sie hinzu.

„Sich schämt?", fragte Sofie beiläufig, während sie wieder weiter Äpfel pflückte.

„Ja, wenn die Eltern sich hauen", kam es unter der heruntergeklappten Kappe hervor.

Da stieg die alte, komische Sofie von der Leiter, legte ihren alten, schrumpeligen, lieben Arm um das Kind und sagte gar nichts.

Der Lea aber plumpste ein großer Sorgenklumpen von der Seele.

Und am Abend sprach die alte Sofie, während sie Äpfel schälte, nach langem Nachdenken zu ihrem Hund: „Kasimir", sagte sie, „Kasimir, wir schaffen das schon!"

Entspannungsübung
für Kinder

Auch Kämpfer brauchen ab und zu eine Pause, und gerade, wenn man sich so richtig ausgetobt hat, tut es gut, sich ein wenig zu entspannen... zu verschnaufen... die Luft rauszulassen... Du kannst das überall, auch wenn es um dich herum laut sein sollte. Du kannst mit offenen Augen träumen, wenn du willst... Und wenn du dann langsam zur Ruhe gekommen bist, und dein Atem regelmäßig und tief geworden ist, kommen vielleicht Bilder zu dir – wie im Traum...

Wenn du magst, kannst du dich in Gedanken auf eine Reise begeben... auf eine Reise in ein fernes Land... Du kannst auf einem Pferd dorthin reiten... oder auf einem fliegenden Teppich... vielleicht möchte auch jemand wie Nils Holgersson auf einer Wildgans durch die Wolken fliegen... oder mit einem schnellen Boot oder Rennauto flitzen...

In diesem Land bist du willkommen – gerade so wie du bist. – Die Menschen, denen du begegnest, lächeln dir zu... Sie mögen dich – so wie du bist – so wie du aussiehst... Du merkst, wie du dir selbst zulächelst... dich selbst leiden magst...

Du begegnest auch einer Schar Kinder. Sie spielen lachend mit bunten Drachen, die sie mit dem Wind fliegen lassen... Du kannst auch mitspielen, wenn du willst, und deine Kraft in den Armen fühlen und in den Beinen, die sich gegen die Erde stemmen, damit der bunte Drachen dich nicht mit sich reißt... und du kannst ihn so lenken, wie du willst...

Andere Kinder winken dir zu. Sie haben Lehm gefunden und Wasser und formen Gebilde daraus. Du erkennst ein Krokodil aus Lehm... einen Dinosaurier... eine böse Fratze... eine runde Kugel... Willst du mitmachen?... Magst du den feuchten kühlen Ton in deinen Händen?...

Am Ende des Weges brennt ein helles Feuer. Viele Kinder schauen den gelb-orange-blauen Flammen zu. Immer wieder wirft ein Kind etwas hinein. „Was verbrennt ihr da?", fragst du eines der Kinder. „Alles was uns ärgert und wütend macht", sagt es lächelnd...

Und du kannst eine Weile beim Feuer stehen bleiben, dich wärmen lassen, den Flammen zuschauen und alles hineinwerfen, was du loswerden willst...

Später wirst du dich jederzeit an die reinigenden Flammen erinnern können, die alles, was dich stört, verbrennen können.

Nun bereite dich langsam darauf vor, in diesen Raum zurückzukehren... Atme tief ein... balle die Hände zu Fäusten... und öffne die Augen.

Literatur

Berg, Insoo Kim: Familien-Zusammenhalt(en). Ein kurz-therapeutisches und lösungs-orientiertes Arbeitsbuch, 6. Aufl., Dortmund 1999.

Berg, Insoo Kim und Miller, Scott D.: Kurzzeittherapie bei Alkoholproblemen. Ein lösungsorientierter Ansatz, 3. Aufl., Heidelberg 1998.

Bettelheim, Bruno: Kinder brauchen Märchen, München 1996.

De Jong, Peter und Berg, Insoo Kim: Lösungen (er-)finden. Das Werkstattbuch der lösungsorientierten Kurztherapie, Dortmund 1998.

DeShazer, Steve: Der Dreh. Überraschende Wendungen und Lösungen in der Kurzzeittherapie, 5. Aufl., Heidelberg 1998.

DeShazer, Steve: Wege der erfolgreichen Kurztherapie, 6. Aufl., Stuttgart 1997.

Imber-Black, Evan u. a.: Rituale. Rituale in Familien und Familientherapie, Heidelberg 1993.

Kast, Verena: Märchen als Therapie, München 1996.

Mills, Joyce C. und Crowley, Richard J.: Therapeutische Metaphern für Kinder und das Kind in uns, Kempten 1996.

Mrochen, Siegfried, Holtz, Karl L. und Trenkle, Bernhard (Hg.): Die Pupille des Bettnässers. Hypnotherapeutische Arbeit mit Kindern und Jugendlichen, 3. Aufl., Heidelberg 1997.

Oaklander, Violet: Gestalttherapie mit Kindern, Stuttgart 1981.

Tomm, Karl: Das Problem externalisieren und die persönlichen Mittel und Möglichkeiten internalisieren, in: Zeitschrift für Systemische Therapie, Jg. 7, Heft 3, Juli 1989.

Tomm, Karl und Suzuki, Koji: Kan-No-Mushi – Innere Externalisierung als Kompromiß? Zeitschrift für Systemische Therapie, Jg. 8, Heft 2, April 1990.

Vogt-Hillmann, Manfred und Burr, Wolfgang (Hg.): Kinderleichte Lösungen. Lösungsorientierte Kreative Kindertherapie, Dortmund 1999.

White, Michael: Der Vorgang der Befragung: Eine literarisch wertvolle Therapie, in: Familiendynamik, Jg. 14, 1989, S.114-128.

White, Michael und Epston, David: Die Zähmung der Monster. Der narrative Ansatz der Familientherapie, 3. korr. und überarb. Aufl., Heidelberg 1998.

Mehr therapeutische Geschichten für Kinder

iskopress

Doris Brett
Ein Zauberring für Anna
Therapeutische Geschichten für Kinder von 3 bis 8 Jahren
246 Seiten, Paperback
ISBN 3-89403-198-0

Doris Brett
Anna zähmt die Monster
Therapeutische Geschichten für Kinder von 6 bis 12 Jahren
246 Seiten, Paperback
ISBN 3-89403-199-9

Hildegard Klippstein/
Erika Meyer-Glitza (Hg.)
Zwischenspiele
Metaphorische Geschichten für Kinder und Erwachsene
96 Seiten, Paperback
ISBN 3-89403-205-7